一带一路

「一带一路」列国人物传系

总主编◎王丽

清代10人传

环球凉热自清浊

徐帮学 唐迪◎主编

華文出版社
中国出版集团公司

图书在版编目（CIP）数据

清代10人传 ：环球凉热自清浊 / 唐迪，徐帮学主编.
-- 北京 ：华文出版社，2017.5
（“一带一路”列国人物传系）
ISBN 978-7-5075-4680-4

Ⅰ. ①清… Ⅱ. ①唐… ②徐… Ⅲ. ①历史人物－列传－中国－清代 Ⅳ. ①K820.49

中国版本图书馆CIP数据核字(2017)第081027号

清代10人传

主　　编：唐　迪　徐帮学
责任编辑：谭　笑　黄彩霞
出版发行：华文出版社
社　　址：北京市西城区广外大街305号8区2号楼
邮政编码：100055
网　　址：http://www.hwcbs.com.cn
投稿信箱：784263235@qq.com
电　　话：总 编 室 010-58336239　发 行 部 010-58336267/58336266
责任编辑 010-58336237
经　　销：新华书店
印　　刷：三河市东方印刷有限公司
开　　本：880×1230　1/32
印　　张：8.125
字　　数：132千字
版　　次：2018年3月第1版
印　　次：2018年3月第1次印刷
标准书号：ISBN 978-7-5075-4680-4
定　　价：38.00元

《“一带一路”列国人物传系》编辑委员会

总　序

群星闪耀“一带一路”

“2100 多年前，中国汉代的张骞肩负和平友好使命，两次出使中亚，开启了中国同中亚各国友好交往的大门，开辟出一条横贯东西、连接欧亚的丝绸之路。”[①]2013 年 9 月 7 日，中国国家主席习近平在哈萨克斯坦纳扎尔巴耶夫大学发表演讲，以博古通今的睿智对大学生们娓娓道来丝绸之路古老而年轻的故事。

“我的家乡陕西，就位于古丝绸之路的起点。站在这里，回首历史，我仿佛听到了山间回荡的声声驼铃，看到了大漠飘飞的袅袅孤烟。这一切，让我感到十分亲切。哈萨克斯坦这片土地，是古丝绸之路经过的地方，曾经为沟通东西方文明，促进不同民族、不同文化相互交流和合作作出过重要贡献。

① 《习近平谈治国理政》，外文出版社，2014年10月第1版，第287页。

东西方使节、商队、游客、学者、工匠川流不息，沿途各国互通有无、互学互鉴，共同推动了人类文明进步。”“不同种族、不同信仰、不同文化背景的国家完全可以共享和平、共同发展。这是古丝绸之路留给我们的宝贵启示”，“为了使我们欧亚各国经济联系更加紧密、相互合作更加深入、发展空间更加广阔，我们可以用创新的合作模式，共同建设‘丝绸之路经济带’。”[①] 推己及人，高瞻远瞩，引领时代，习主席在阿斯塔纳[②]通过哈萨克斯坦人民，首次向世界发出了让古老的丝路精神再次焕发青春和光彩的时代宣言。

2013 年 10 月 3 日，习主席在印度尼西亚国会发表了题为《共同建设二十一世纪“海上丝绸之路”》的演讲：“东南亚地区自古以来就是‘海上丝绸之路’的重要枢纽，中国愿同东盟国家加强海上合作，使用好中国政府设立的中国－东盟海上合作基金，发展好海洋合作伙伴关系，共同建设 21 世纪‘海上丝绸之路’”，“发挥各自优势，实现多元共生、包容共进，共同造福于本地区人民和世界各国人民”。[③]这个倡议和 9 月 7 日的演讲异曲同工、遥相呼应、互为映衬，完整地提出了“丝绸之路经

① 《习近平谈治国理政》，外文出版社，2014 年 10 月第 1 版，第 287 页。
② 哈萨克斯坦新首都名称。
③ 同①，第 293–295 页。

济带”和“21世纪海上丝绸之路”的宏伟构想。

从广袤的亚欧腹地哈萨克斯坦到风光旖旎的印度尼西亚，习主席提出的“丝绸之路经济带”和“21世纪海上丝绸之路”吸引了世界各国的目光。从2013年9月至2016年8月，习近平出访37个国家（亚洲18国、欧洲9国、非洲3国、拉美4国、大洋洲3国），对“一带一路”倡议的总体框架和基本内涵做了充分阐述。和平合作、开放包容、互鉴互学、互利共赢的丝路精神，共商、共建、共享的合作理念，驱散了“去全球化”的阴霾，为增长低迷的世界经济注入新的动能。各国纷纷将本国经济发展与中国政府制定的《推动共建丝绸之路经济带和21世纪海上丝绸之路的愿景与行动》规划相衔接。“一带一路”倡导的政策沟通、设施联通、贸易畅通、资金融通、民心相通等“五通”，正在以基础设施、经贸合作、产业投资、能源资源、金融支撑、人文交流、生态环保、海洋合作等为载体和依托，在全球掀起了投资兴业、互联互通、技术创新、产能合作的新势头。2016年中国牵头成立有57个成员国加入的亚洲基础设施投资银行（AIIB），2017年3月23日迎来13个新伙伴。孟加拉配电系统升级扩容项目、印尼全国棚户区改造项目、巴基斯坦国家高速公路项目和塔吉克斯坦杜尚别至乌兹别克斯坦道路改造项目已经获得亚投行金融支持，共商共建成为现实。

“一带一路”倡议得到国际社会的热烈响应。2016 年 11 月 17 日，第 71 届联合国大会 193 个成员一致赞同，通过了第 A/71/9 号决议，欢迎“一带一路”倡议，敦促各国通过参与“一带一路”，呼吁国际社会为开展“一带一路”建设提供安全保障环境。2017 年 3 月 17 日，联合国安理会全票赞成，一致通过第 2344 号决议，呼吁国际社会凝聚援助阿富汗共识，通过“一带一路”建设等加强区域经济合作，敦促各方为“一带一路”建设提供安全保障环境。

2017 年 1 月，习近平主席在联合国日内瓦总部发表题为《共同构建人类命运共同体》的重要演讲，全面深入系统阐述人类命运共同体重大理念，在国际上引起热烈反响，受到各方普遍欢迎和高度评价。3 月 23 日，联合国人权理事会第 34 次会议通过关于“经济、社会、文化权利”和“粮食权”两个决议，决议明确表示要通过“一带一路”建设“构建人类命运共同体”。这是人类命运共同体重大理念首次载入人权理事会决议，标志着这一理念成为国际人权话语体系的重要组成部分。

“一带一路”不是中国的独角戏，是与亚、欧、非洲及世界各国共同奏响的交响乐。中国恪守联合国宪章的宗旨和原则，坚持开放合作、和谐包容、政策沟通，培育政治互信，建立合作共识，协调发展战略、促进贸易便利化及多边合作体制机制。中国携手100多个国家和地区，依托国际大通道，以陆上沿线中心城市为支撑，以重点经贸产业园区为合作平台，共同打造新亚欧大陆桥、中蒙俄、中国－中亚－西亚、中巴、孟中印缅、中国－中南半岛等国际经济合作走廊进展顺利，中欧班列在贸易畅通上动力强劲，风景亮丽；以海上重点港口为节点，共同建设通畅安全高效的运输通道，实现陆海路径的紧密关联和合作，太平洋、印度洋、大西洋上巨轮往来频繁，不亦乐乎。亚太经合组织、亚欧会议、大湄公河次区域合作等有关决议或文件，都体现了“一带一路”建设内容。丝路基金、开发性金融、供应链金融汇聚全球财富，建设绿色、健康、智慧与和平的丝绸之路，增进各国民众福祉。

“一带一路”是人类历史上从未有过的恢弘蓝图，也是横跨亚非欧连接世界各国的暖心红线。“丝绸之路经济带”包括中国经中亚、俄罗斯至欧洲（波罗的海），中国经中亚、西亚至波斯湾、地中海，中国至东南亚、南亚、印度洋；“21世纪海上丝绸之路”包括从中国沿海港口过南海到印度洋再延伸至欧洲和到南太平洋。一路驼铃声声、舟楫相望，互通有无、友好交往。

在新的时代，在创新古老丝路精神的伟大进程中，习主席专门缅怀丝路开拓者，特意致敬古丝路精神奠基人："我们的祖先在大漠戈壁上'驰命走驿，不绝于时月'，在汪洋大海中'云帆高张，昼夜星驰'，走在了古代世界各民族友好交往的前列。甘英、郑和、伊本白·图泰是我们熟悉的中阿交流友好使者。丝绸之路把中国的造纸术、火药、印刷术、指南针经阿拉伯地区传播到欧洲，又把阿拉伯的天文、历法、医药介绍到中国，在文明交流互鉴史上写下了重要篇章。千百年来，丝绸之路承载的和平合作、开放包容、互学互鉴、互利共赢精神薪火相传。"[①]这种吃水不忘挖井人的情怀，再次展现了中华民族不忘历史、纪念先贤、展望未来的优秀文化基因，也为中国传记文学学会参加"一带一路"建设指明了方向和道路。

在古老的丝绸之路上，我们不曾相忘：张骞出使西域到过的哈萨克斯坦，山高水长的好邻居巴基斯坦，双头鹰下横跨欧亚之国俄罗斯，草原之国蒙古，喜马拉雅浮世天堂尼泊尔，菩提恒河保佑之国

① 习近平：《弘扬丝路精神，深化中阿合作》，2014年6月5日，习近平在中阿合作论坛第六届部长级会议开幕式上的讲话，《人民日报》6月6日第1版。

印度，文化瑰宝伊朗，首创法典之国伊拉克，红海门户之国也门，石油王国沙特阿拉伯，波斯湾明珠巴林，雪松之国黎巴嫩，海湾之秀科威特，沙漠之巅阿联酋，半岛明珠之国卡塔尔，波斯湾霍尔木兹海峡守门人阿曼，万湖之国白俄罗斯，欧亚十字路口土耳其，流着奶和蜜之地以色列，欧洲粮仓乌克兰，亚平宁半岛上的文化巅峰意大利，阿尔卑斯之巅的瑞士，玫瑰之国保加利亚，与灵魂对话的思辨之国德意志，欧洲文化殿堂法兰西，欧洲客厅比利时，郁金香之国荷兰，热情如火的西班牙，还有正在脱欧的绅士国度英国，北非金字塔之国埃及，非洲屋脊奉马蹄莲为国花的埃塞俄比亚，香草大岛之国马达加斯加，等等。

沿着海上丝绸之路，我们会领略丛林花园之国马来西亚，花园国度新加坡，千岛之国菲律宾，赤道翡翠之国印度尼西亚；沿澜沧江一路南下，我们不曾相忘澜湄泽润之国越南，千佛之国泰国，高棉的微笑之国柬埔寨，万象之都老挝，印度洋上明珠之国斯里兰卡，印度洋上的明星和钥匙毛里求斯，堆金积玉之国文莱，追求自由之国东帝汶，印度洋世外桃源马尔代夫，骑在羊背上的国家澳大利亚，上帝的后花园新西兰，等等。

“一带一路”沿线国家里，那些千百年来影响了人类与国家、民族命运并与中国曾经有过交往的古今人物，至今还能在教科书、影视剧里看到他们，还能感受到他们在一代一代年轻人身上所生发的影响和魅力。

当然，对于中国人来说，更为熟悉的是丝绸之路的开拓者。曾记否？丝绸之路开拓者中，有汉武帝和他的使节们，有首开大唐盛世的唐太宗及其无数臣民，有再续睦邻通商航海路的宋祖朝廷和无数先贤，还有金戈铁马风漫卷的元代人物，一统江山万里帆的明代人物，环球凉热自清浊的清代人物，东西碰撞溅火花的近代人物，还有经受风雨变迁、勇立海国之志的现代人物，更有丝路明珠敦煌莫高窟的守护者，卫国助邻的将军和通司中外的外交家们。当然，数风流人物，还看今朝，我们不能不浓墨重彩地讴歌那些智通商海，投身到新丝路建设中的当代人物。

耕云播雨，香火延续，智慧传承，历史再续！2100 多年的友好交往历史从未隔断，惠及三大洲的中西交通从未停歇，21 世纪的“中国梦”和“世界梦”汇成了人类命运共同体的时代和弦，响彻在“一带一路”辽阔的长空。也正因如此，2017 年 5 月，北京喜迎来自“一带一路”相关国家的元首、政府首脑、前政要、知名企业家和专家学者等各界代表，以及国际组织的负责人等千名领袖，出席"'一带一路'国际合作高峰论坛"。"千人盛会"共襄"团结互信、平等互利、包容互鉴、合作共赢"[①]之盛举，共商"沿线各国共同把蛋糕做大，一起分蛋糕"之合作共赢大计。这是中华民族和世界历史上都应该铭记的大日子。

以人物传记写作为己任的中国传记文学学会，在"一带一路"倡议实施中，肩负"讲好一带一路民心相通好故事"的使命和责任，这也是国家赋予我们的根本职责和任务。在中国文学艺术界联合会的领导下，在中国社会科学院国家全球战略智库指导下，中国传记文学学会以赤诚的家国情怀、强烈的时代精神、为人传记的责任担当，在认真调研、周密谋划、精心组织基础上，毅然决定倾注全力组织编写出版《"一带一路"列国人物传系》。此煌煌百卷传系讲述近千名各国人物故事，集数百位专家、作家尽心挥毫，去冬今春，夜以继日……幸得中国出版集团公司华文出版社出版发行。于是，各位读者得以读到手中的这套活泼而不失厚重、有趣而不失学养的列国人物合传书卷。

孔子曰："仁者，人也。"让各国的先贤智者的

---

① 习近平：《弘扬人民友谊 共创美好未来》，2013年9月7日，习近平主席在哈萨克斯坦纳扎尔巴耶夫大学的演讲。

思想光辉，照亮我们探索人类未来的道路。

传记明志，落笔为文，是为总序。

中国传记文学学会会长

《“一带一路”列国人物传系》编委会总主编

王丽 博士

2018 年 3 月 8 日

General Editor's Preface

The Belt and the Road Initiative was all conceived in 2013. On September 7, 2013, Chinese President Xi Jinping officially mentioned the blueprint in a speech at Nazarbayev University during his visit to Kazakhstan for the first time :

Over 2100 years ago, imperial envoy Zhang Qian from the Han Dynasty visited Central Asia twice to open the door to friendly contacts between China and Central Asian countries as well as the transcontinental Silk Road linking East and West, Asia and Europe.

My home province Shaanxi is right at the starting point of the ancient Silk Roads. Today, as I stand here and look back into history, I could almost hear the camel bells ringing in the mountains and see the wisps of smoke rising from the desert. All this makes me feel dear. Sitting on the ancient Silk Road, Kazakhstan has made important contributions to the exchanges and cooperation between different nationalities and cultures. This land has witnessed a steady stream of envoys, caravans, travellers, scholars and artisans travelling between the East and the West. The exchanges and mutual learning thus made possible have contributed to the progress of the human civilization.

... Countries with differences in race, belief and cultural background can absolutely share peace and development. This is the valuable inspiration we have drawn from the ancient Silk Roads.

... in order to make the economic ties closer, mutual cooperation deeper and space of development broader between the Eurasian countries, we can innovate the mode of cooperation and jointly build the "Silk Road Economic Belt".

On Oct. 3, 2013, President Xi touched upon the theme again in his address at the Indonesia Parliament with the topic "Jointly Building the Twenty-First Century

Maritime Silk Road":

> Southeast Asia has since ancient times been an important hub along the ancient Maritime Silk Road. China will strengthen maritime cooperation with ASEAN countries to make good use of the China-ASEAN Maritime Cooperation Fund set up by the Chinese government and vigorously develop maritime partnership in a joint effort to build the Maritime Silk Road of the 21st century. China is ready to expand its practical cooperation with ASEAN countries across the board, supplying each other's needs and complementing each other's strengths, with a view to jointly seizing opportunities and meeting challenges for the benefit of common development and prosperity.

The two talks framed the entire picture of China's concept "Silk Road Economic Belt" and "the Twenty-First Century Maritime Silk Road", which is shorted as "The Belt and the Road" Initiative. Since then President Xi visited 37 countries (18 in Asia, 9 in Europe, 3 in Africa, 4 in Latin America and 3 in Oceania) between September, 2013 and August, 2016 , giving a full exposition of the Belt and Road Initiative, from its overall structure to its various details. The milieu of peaceful and all-win cooperation, financial integration, trade liberalization, and people-to-people connectivity dispels the haze of “anti-globalization” and generate new power to the stagnant world economy.

The Belt and Road Initiative has been responded with global enthusiasm. On Nov.17, 2016, 193 members of the 71st Session of the United Nations General Assembly unanimously passed the Resolution No. A/71/9, welcoming the Belt and Road Initiative, urging its member countries to participate in the initiative, and calling upon the international community to provide a safe environment for the implementation of the action plan.

The Belt and Road Initiative is not a solo of China, but an orchestra by countries from Asia, Europe, Africa and the rest of the world. By observing the Charter of the United Nations, China sticks to the openness and cooperation, harmony and inclusiveness as well as communication of policies, fosters political mutual trust, establishes the strategy of cooperation and concerted development, promote the mechanism of trade facilitation and multilateral cooperation system. China has worked with over 100 countries and regions to jointly build a new Eurasian Land Bridge and develop China-Mongolia-Russia, China-Central Asia-West Asia, China-Pakistan, Bangladesh-China-India-Burma, and China-Indochina Peninsula economic corridors by taking advantage of international transport routes, relying on core cities along the Belt and Road Economic Belt and using key economic industrial parks as cooperation platforms. China Railway Express has greatly facilitated the trade between China and Europe, and has become a beautiful landscape. At sea, the Initiative will focus on jointly building smooth, secured and efficient transport routes connecting major sea ports along the Belt and Road, so as to achieve a closer connection and cooperation between land and sea routs. The Pacific Ocean, Indian Ocean and the Atlantic Ocean are busy with giant ships navigating across them. Related documents and resolutions by Asia-Pacific Economic Cooperation (APEC), Asia-Europe Meeting (ASEM), Asia Cooperation Dialogue (ACD) and Greater Mekong Subregion (GMS) Economic Cooperation have included the content of the Belt and Road Initiative.

We shall never forget those countries along the ancient Silk Roads: Kazakhstan where Han Dynasty's imperial envoy Zhang Qian passed by; Pakistan famous for its Badshahi Mosque and Derawar Fort; Russia noted by the sign of double headed eagle; the prairie country Mongolia; Nepal, the paradise on the Himalayas; India blessed by the Ganges River; Iran, the country full of cultural treasures; Iraq, the country with the famous *Code of Hammurabi*; Yemen, the gate of the Red Sea; Saudi Arabia, the kingdom of petroleum; Bahrain, the pearl of the Persian Gulf; Lebanon, a country of cedars; Kuwait, a rising star of the Persian Gulf; United Arab Emirates, a diamond on the desert; Qatar, a gem on the Arabian Peninsula; Oman, the gatekeeper of Hormuz Strait; Byelorussia, a country with myriad lakes; Turkey, a transcontinental country in Eurasia; Israel, a country full of milk and honeys; Ukraine, the world's largest grain exporter; Italy, the great cultural country on Apennine Peninsula; Switzerland that sits on top of Alps; Germany which is renowned for great thinkers; France that is graceful for European art; Belgium which is seen as the Living room of Europe; the Netherlands that is celebrated as a garden of tulips; Spain, a country full of passion; Great Britain whose uniqueness makes it busy with breaking with EU; Egypt, distinguished for its pyramids; Ethiopia whose floral emblem is the calla; and Madagascar, the big island country where vanillas grow, etc.

The Maritime Silk Road links Malaysia, a country of forests and gardens; Singapore, the flowery country; the Philippines, the country of myriads of islands; and Indonesia notable for the emeralds and its equator position. Along the Lantsang River down to the south, we will pass the river-lake-rich country Vietnam; Thailand where there are many Buddhas; Cambodia with smiling Khmer people; Laos, the country with a great many elephants; Sri Lanka, the bright pearl in the India Ocean; Mauritius, the shining star and a key in the Indian Ocean; Brunei, a country with great wealth; the freedom-pursuing country East Timor; Maldives, a Shangri-La in the India Ocean; Australia that is familiar with sheep; New Zealand, the back garden of God; and etc.

In the countries along the Belt and Road, those who have influenced the destinies of human beings, made history in the countries, and nations, and ever had contacts with China, can still be found in today's textbooks, films and TV shows. We can still feel their influence and charm on generations of young people.

Of course the Chinese people are more familiar with those pioneers of the Silk Roads. Yet, those who devote themselves to the building of the new Silk Roads are also unforgettable. For all this, in May, 2017, to "the International Summit on the Belt and Road", Beijing is to welcome thousands of guests from around the world, including presidents and prime ministers, present and former politicians, well-known entrepreneurs, experts and scholars, and representatives from all walks of life related to the Belt and Road. They gather together to this grand event under the principles of Solidarity and Mutual Trust, Equality and Mutual Benefit, Inclusiveness and Mutual Learning, and Win-Win Cooperation. They will discuss details of operation about how to make the "pie" bigger with the countries along the Belt and Road and share the benefits arising thereof. It will be a big day to be remembered by the Chinese people and even in the history of the world.

The Biography Society of China, whose mission is to promote biography writing, shoulders the task and responsibility to tell the stories of exchanges among peoples during the implementation of the Belt and Road Initiative. This is also the basic duty and task assigned by our nation. Therefore, through a careful investigation and passionate planning, the Biography Society of China made a huge decision: to start a large book project: a book series *Lives Along the Belt and Road*. The project was led and supported by China Federation of Literary and Art Circles and secured guidance from National Institute of International Strategy in Chinese Academy of Social Sciences. With sincere patriotic sentiment, strong Zeitgeist, and the steadfast determination. From the winter to the spring, hundreds of writers worked on thousands of lives in one hundred volumes, day and night. Here the series are with you.

Confucius said, "Humanity is of humans." Let the lights of those great minds and lives illuminate our future path of exploration.

Comments, criticism and suggestions are all appreciated.

Dr. Wang Li
Chairwoman:
The Biography Society of China
General Editor:
Remarkable Lives Along the Silk Roads
March 8, 2018

目录

Contents

引　言

众所周知，中国古代瓷器的中心在江西景德镇,景德镇在古代名为“昌南”，于是当时的外国人就将“昌南”的英文音译读为china，因为china即“瓷器”之意，在外国人眼里它代表着中国瓷器，China也逐渐地成为中国的代名词。中国瓷器正是闻名世界的丝绸之路的重要承载物之一。

中国瓷器到了清朝时期，烧造水平可谓登峰造极。清朝前期社会相对稳定，经济繁荣，朝廷统治者重视瓷器生产和科学的管理，以及对几千年来烧造陶瓷经验的继承，使得清初的瓷器制作技术更加高超，装饰也更加精细华美，这一时期，是悠久的中国陶瓷史上最光耀灿烂的一页。

从历史上看，清朝是我国封建社会的最后一个王朝，对此后中国历史产生了深远的影响。尤其是康、雍、乾三朝，是我国封建社会经济发展的一个巅峰。在此鼎盛时期，清朝从政治、经济、文化，到建筑、家具、生活习俗等方面在传承的基础上不断地创新与发展。

清朝是我国 2000 多年中央集权封建君主专制政权的最后一个朝代，共经历 276 年（从清太宗皇太极改国号为清算起）。在政治上，清朝沿袭和发展了高度中央集权封建君主专制的政治；在社会经济、民族文化和国家统一等方面，清朝也处于最高阶段；同时，清朝又是我国从古老的封建社会逐步沦为近代半殖民地半封建社会的转折时期。

清朝经济变化的趋势，大体上可以分为前后两个时期。前期是从进入北京建立政权（1644）起至乾隆末年（1795）止，史称康、雍、乾时代，为清最强盛富庶的时期，这种强盛兴旺局面到了嘉庆、道光时期至清政权被推翻的宣统末年（1911）止，社会政治、经济便逐渐走向衰微没落，大有江河日下之势。为巩固政权，维持国家的财政收入，清王朝尤其是康熙朝采取了一系列恢复和发展社会经济的政策措施，使社会经济从崩溃走向恢复，并得到一定的发展。雍正至乾隆年间，社会经济获得了稳定的增长，出现了繁荣的局面。

前清时期，社会经济有着长足的发展，具体表现在以下几个方面：

1. 粮食产量大大增长

前清时期，国家保持了长期和平统一的环境，社会相对安定，朝廷鼓励垦荒，大量土地被开垦，耕地大大扩展。此外，耕作技术也得到提高，土地利用更为集约有效，土地利用率达到传统农业的最高水平，大大促进了农业生产的发展和农作物，尤其是粮食作物产量的提高。

前清时期的生产力空前增长，粮食总产量高达3022亿市斤，比明后期增长一倍多，这个水平已是我国传统农业时代粮食生产的巅峰。清代的人口压力十分沉重，据史家的研究，清康熙朝的1710年人口实际为1亿左右，到了乾隆朝的1787年前后，人口已达3.0746亿。迅速的人口增长和巨大的人口基数意味着必须有相应的粮食供应，才能维持这个庞大国家的基本运转。我国传统农业为了解决不断增长的人口带来的粮食需求矛盾，首先要不断开辟新土地，其次是引进和推广种植新作物，其三，也是最重要的一点，就是精耕细作，提高土地利用率，提高生产效率。全国性的土地矛盾是人多地少，要求精耕细作必须成为农业发展的大方向。

2. 农业技术逐步推广

明末清初，随着蚕桑业的发展，“桑基鱼塘”成为主要的基塘类型，形成“基种桑，塘养鱼，桑叶饲蚕，蚕粪饲鱼，两利俱全，十倍禾稼”的生态体系。亦可在塘上养殖水生饲料以喂猪，以猪粪、塘泥培桑，则生产内容更丰富。除桑基鱼塘和果基鱼塘外，当地还有稻基鱼塘、蔗基鱼塘、葵基鱼塘等。

类似的土地利用方式在太湖流域亦已出现。据史料记载，明代中期即有人开发利用荒洼地，其方法类似今天的立体农业：深洼养鱼，次洼种植，池上架笼舍养家禽家畜，家禽家畜的粪便可用作鱼饲料，田地四周还可种上水果。这样，土地就得到了全面高效的利用，农业生产力也得到大大地提高。

明末清初，在浙江嘉兴、湖州一带形成了“农—桑—鱼—畜”相结合的生产方式：低洼地区周围建防水堤，堤外养鱼，堤内种稻，堤上可种桑树，所获桑叶用来饲养羊，羊的粪便又作桑树的肥料，同时，农作物的副产品或废脚料可用来饲养畜禽，畜禽粪复作肥料或养鱼，鱼塘泥又可以为稻田增肥。如此联系，环环相益，将土地的利用率提到最高，提高了农业生产力，提高了农民的收益，且形成了一个合理的食物链和能量流，有利于生态的稳定和农业的可持续发展。

3. 瓷都景德镇的再度繁荣

清代历经 270 多年，康熙、雍正、乾隆 3 朝皆为盛世，史称“康乾盛世”，这段时期的瓷器烧造工艺技术和产量，都达到了史无前例的高峰。

明末社会发生了巨大的变动，农民大起义和清军入关，实际上把土地重新进行了分配。清军入关后，

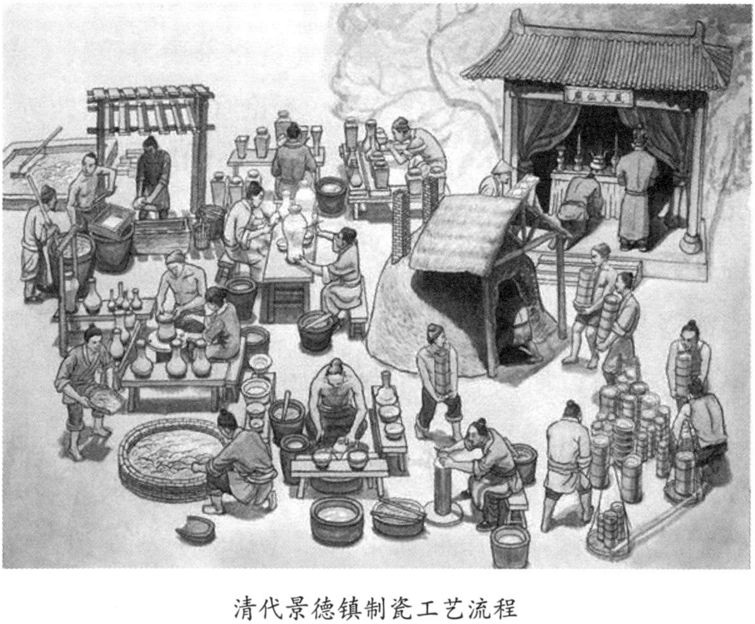

清代景德镇制瓷工艺流程

兴修水利、减免赋税等措施，不但巩固了清军的统治，还在一定程度上促进了生产力的发展。

清代帝王多喜欢瓷器，康熙、雍正、乾隆3位皇帝尤甚。上层统治者的爱好和重视，朝廷和地方各级官吏的上行下效，促进了官窑瓷器的迅速发展。

从清代整个的发展脉络看，清代是一个前期强盛，后期积弱的朝代。因为，从清代一开始，在对外政策上，清王朝就采用了闭关锁国的基本国策。

在清代，“海禁”政策比明代更为严厉，对外贸易也实行了严格的限制，清代的对外关系实行的是严格的“闭关政策”。清代实行海禁最严厉的时期是在顺治时期，顺治十三年（1656），顺治帝发布上谕规定：“凡有商民船只私自下海，将粮食货物等项与逆贼（指郑成功领导的抗清军）贸易者，不论官民，俱闻处斩，货物入官；本犯家产，尽给告发之人。其该地方文武各官不行盘缉，皆革职从重治罪。地方保甲不行举首，皆处死。”其后不久，又在沿海搞无人区，强迫山东以南沿海居民一律“迁界”后撤30里到50里，界内房屋全部烧毁，居民有再进入者处死，商船和民船皆不准下海。康熙五十六年（1717）还明文告示，“禁止商船往南洋吕宋、噶喇巴等处贸易”。当然清代的海禁也有较松的时候，如康熙二十二年（1683）郑成功孙子郑克塽投降后，清朝开放海禁，一度宣布取消有关海禁的一些规定。但总的来看，清朝的对外政策实行的主要是以海禁为主的对外贸易政策。

要指出的是，清朝实行的闭关政策并不是外露的，而是隐蔽的。没有明确的法律规定，也没有在形式上完全闭关停市，它是通过多种形式贯彻这一政策原则的。

严格限制渔船和商船的规模。中国早在明中叶就有巨大的帆船，郑和下西洋所用的船长 44 丈，宽 18 丈。但在清康熙时规定，除福建省可用双桅船外，别省只能用单桅船。船上的水手必须在 20 人以下，船的梁头不得超过1丈。出洋贸易的船虽可用双桅，但水手不得超过 28 人，梁头不得超过 1 丈 8 尺，载重量不能超过 500 石。此外，还规定不得造船卖于外商，也不得将外国造船带回中国。这些规定不仅不利于对外通商，而且还使中国的造船业及其技术受到了沉重的打击。

对出口货物的品种和数量进行严格的限制。粮食、铁、硫黄、硝等物概不准出口。乾隆时甚至严格到每船出海只准带铁锅一口、斧子一把。蚕丝、绸缎出口更是属于严禁之列。茶叶出口数量不限，但武夷茶不准海运。对于违反禁令的“一经拿获，将该商人治罪”。另外，还规定在对外交易中，只准以物易物，“不准用银”交换。总之，政府采取了各种办法来达到限制对外贸易量的目的。

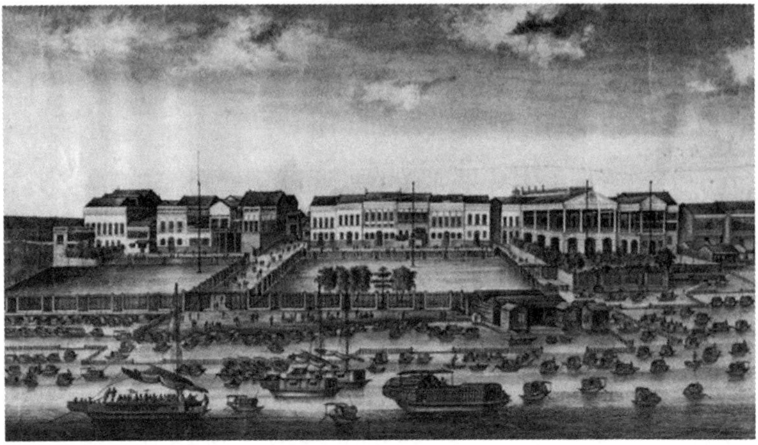

广州十三行

通过洋行制度垄断中外贸易。清朝管理对外贸易是沿用明朝的官牙行制，而没有采用唐、宋、元时的市舶（司）制，一般称之为“洋行”，意思是外洋商行。其中以广东十三行最盛。洋行实际上是一种半官方组织，具有很大的权力，中外一切贸易必须假手洋行才行。外商不得与中国的商人自由接触，也不得直接与清朝官员会面，一切均须通过洋行交涉。因此，洋行兼有商务和外交两种工作性质。“凡夷人具禀事件，应一律由洋商代为据情转禀，不必自具禀词。”（参见贺痴:《清代首富伍秉鉴的财富人生》，中国致公出版社2010年版）外商进入中国必须依赖洋行，任其摆布。行商则利用权力和方便对外商巧取暗夺或公开索取。不过，洋行虽可通过垄断对外贸易获得大量的财富，但也要受到官府的盘剥，且手段多种多样，包括名目繁多的定期贡品、贡银以及各种临时性的进献，加在洋行身上的这种额外负担也是他们加紧压榨外商的原因之一。

限制通商口岸。广州历来是中外通商口岸，清廷还曾一度开放粤海、闽海、浙海、江海等处海关，准许外商到广州以北海岸通商。这是外商所求之不得的，因他们所要购买的丝茶多出此地，可就近通商，使物品价值降低。然而，清廷并不欢迎外国人来通商，英船就曾数次欲往定海都未达到目的。以后在乾隆时就干脆明令禁止外商北上贸易，只限广州一地。“此地（宁波）向非洋船聚集之所，将来只许在广州收泊交易，不得再赴宁波。如或再来，必令原船返棹至广，不准入浙江海口。”（《东华续录》）直到 1842 年，中外互市的口岸尚仅广州一处。

闭关政策是在特定的国内环境下产生的，也是明清封建统治下小农制经济结构所决定的。这一政策的实施给中国的社会经济带来的是极其负面的影响，它阻碍了中国社会生产的发展以及中国正在发生的资本主义萌芽及其成长。

在鸦片大量走私入境之前，中国的对外贸易始终处于有利的出超地位，每年都有大量银钱入口，银钱已成为沿海诸省通用的流通手段。实行海禁减少对外贸易之后，不仅使银钱岁入减少，而且使国内的造船业、缫丝业、纺织业、铁冶业等受到了致命的打击。这样就使得刚刚兴起的资本主义商品经济的发展受到了制约，使正在成长的资本主义商品生产缺少了国际市场的刺激。中国的国内市场本来就小，国外市场的开拓又被堵塞，资本主义的幼苗必然遭到扼杀。在明朝，中国就出现了资本主义萌芽，在当时的世界上，中国的商品经济发展并不落后于别国。但自清朝开始的200年间，中国与西方资本主义世界在经济上的差距却日益被拉开。中国从此一蹶不振，以至沦落为半殖民地半封建的国家。

整体来说，清朝前期处于闭关锁国的外交政策与政治夹缝中的中西文化交流之中，这一时期，也涌现出一批为了中西方文化交流和对外贸易作出巨大贡献的人，是他们，让对外交流继续发展，让丝绸之路留在人们的生活中。他们中：有让清朝走向康乾盛世最高峰的乾隆帝；有位居清朝顾命四大臣之首的外交能臣索额图；有促进中俄交流的地理学者图理琛；有首位赴欧洲的官方使节托时；有崇尚西学的清代名臣李光地；有促解海禁的诗人、外交家黄遵宪；有西为中用的政治家洪仁玕；有从十三行走出的世界首富伍秉鉴，以及用地图打开视野的魏源、开眼看世界的民族英雄林则徐……

阅读他们的事迹，检视我们的前人为中华民族复兴而艰难前行的一个个脚印，可以让我们进一步深入了解清代社会发展和对外交往的方方面面，了解漫漫“丝绸之路”一路走来的昨天、今天和明天。

清朝盛世的开拓者——乾隆

清高宗爱新觉罗·弘历（1711—1799）,清朝第六位皇帝。年号“乾隆”，寓意“天道昌隆”。25岁登基，在位60年，禅位后又任3年零4个月太上皇，实际行使国家最高权力长达63年零4个月，是中国历史上实际执掌国家最高权力时间最长的皇帝。乾隆皇帝弘历，生于公元1711年（康熙五十年）9月25日，1736年，25岁的弘历即位，这一年即为乾隆元年。当了60年皇帝后，于乾隆六十年（1795）退位，成为太上皇。嘉庆四年（1799）,89岁的弘历仙逝，成为中国历史上活得最长的皇帝。

乾隆皇帝

1. 开创盛世

乾隆皇帝是一个充满传奇且十分有建树的皇帝。

他统治的时期，和他祖父康熙皇帝、父亲雍正皇帝两朝并称“康乾盛世”。在祖父和父亲统治所取得成果的基础上，乾隆皇帝的努力，使清朝走上了新的盛世。

乾隆一朝，耕地和人口空前增加，乾隆中叶时全国的耕地就已经高达700万顷，乾隆末期时，人口则达到了3亿多。乾隆时商业和城市发展迅速，资本主义也开始萌芽，扬州等地的商业十分发达。“广陵风物久繁华”“广陵繁华今倍昔”，就是乾隆南巡时，描绘扬州繁华的诗句。

《乾隆南巡图》（局部）

著名的《四库全书》，就是乾隆朝组织编纂的，从1773年开编到1782年，历时9年多编成。《四库全书》这个书名，是乾隆皇帝亲自起的，乾隆取名“全书”，也就是囊括中国古代一切图书的意思。

乾隆推行的政策让乾隆朝社会安定、经济繁荣。在治国理念上，他推行刚柔并济之道，这能很好地稳定社会和巩固清朝对整个中国的统治。在经济上，他重农重民，首要发展农业。为扩大生产，提高生产力，乾隆皇帝鼓励开垦荒地，鼓励耕作技术的改进，提倡水土保持，要求官员保证农时农事。乾隆皇帝还重视黄河的治理，他在位期间，兴修水利，防洪治灾，这些，都有力地促进了清代农业的发展。

2. 康乾时期的对外交往

宽猛相济，文治武功，是乾隆时期的重要特征。

从清军入关到建立清朝，大清统治者始终希望建立更强大的国家，能有远方国邦来朝和归附。同时，又要对这些远邦严加防范。史料记载，超过20个国家向当时的乾隆朝廷朝贡。

清朝也注重对外贸易，1685年康熙朝《展海令》的颁布，开始允许人民出海经商，是清朝对外贸易的重大事件。《展海令》的颁布让清朝去往日本的商船迅速增加了好几倍。然而，当时的日本政府却颁布《贞享令》，来限定各国对日贸易的总额，规定中国对长崎的贸易额不能超过 6000 贯白银，超过这个数后，该年中国就不能再到长崎进行贸易。这在很大程度上束缚和阻碍了清王朝的对外贸易。

清朝时期的中国和俄国交流密切，发生在康熙朝

康熙帝

的两次雅克萨之战之后，清军击退了俄国的入侵，与沙俄签订了《尼布楚条约》。之后，中俄关系和缓，俄国方面想派留学生来中国学习中国文化，学习喇嘛教经典、满汉文字。清朝方面还是很开明的，答应了俄国的请求，让从俄国来的留学生在国子监学习。

但是，俄国方面从来就没有放弃侵扰中国的野心，中国的东北，一直被俄国觊觎。为了应对俄国的侵犯，乾隆三十年（1765）时，朝廷派人在东北考察，对中俄边境处属于中国的河源进行了勘察和确认，这在很大程度上维护了中国在东北领土的完整。同样，清政府对蒙古地区、西北新疆地区的防御，也抑制了俄国的侵略野心。

然而俄国却屡次挑战清政府，这惹恼了乾隆皇帝。当时，俄国不但窝藏中方罪犯，还纵容俄国人在边境抢劫。鉴于此，开放中俄贸易的恰克图市场就先后3次被清政府关闭。俄中贸易也让清政府感受到危机，清政府开始了对俄国的贸易制裁，规定俄国的皮毛不得出口到中国，中国的茶叶也禁止出口至俄国，这样的政策，让俄国损失惨重。

清朝刚建立时，奉行的是闭关锁国的政策，尤其是在禁止天主教以后，政策更为严格，中国只对外开放广州一个口岸,西方船只只能停靠在广州一地。此后，又限定外来船只只能停在虎门和厦门两地。到1757年，几乎全面闭关，西洋商船只能在虎门一地停泊贸易。在西方国家正在进行工业革命的时候，清政府却实行闭关锁国政策，这使中国错失了学习西方的大好机会，造成了中国清代以来到近代经济、科技、文化远远落后于西方的局面。

3. 不当举措

乾隆皇帝精通治国之道，且在治国理政上做出卓越成绩，在平定叛乱、维护国家统一上，他也功勋盖世，在他所处的时代，无愧于“文治武功古今第一人”的评价和称誉。他先后组织过大大小小 10 余次平定内部叛乱和边境骚乱的战役，如两次平定准噶尔之役，回疆之役，大、小金川之役，两次廓尔喀之役和缅甸、安南之役等，这些战役几乎都取得了胜利。乾隆皇帝组织的这些战役，对于巩固清朝统治、安定国家、维护国家统一有重大意义。

对思想的控制是封建王朝实现统治的重要手段。皇帝一方面要笼络知识分子，一方面又要严格控制他们的思想，对不利于统治阶级利益的思想严加防范。早从康熙、雍正时起，就大兴文字狱，到了乾隆时期，思想控制严酷至极，竟制造了多达 70 次文字狱。文字狱，即统治者为控制百姓尤其是士人思想，严苛地，甚至无中生有地挑剔文字上的过错而制造的一次次冤狱。这种捕风捉影地随意定罪,导致大量士人无辜被杀,冤案迭起。清代有人曾写诗“清风不识字,何必乱翻书”,就被认定有反清之心而获罪。可见其文字狱的荒诞和严酷。

此外，乾隆皇帝还多次颁布禁令，派人四处搜求遗书，对于那些不利清朝统治的“异端诐说”，一律加以查禁、销毁，私藏禁书者重罚。据统计，仅从乾隆三十九年至四十七年（1774—1782）的 8 年中，全国就毁书 24 次，538 种，13862 部。乾隆大兴文字狱的目的是维护其统治地位,但它起着禁锢思想、钳制言论、摧残人才的恶劣作用，其后果是严重的，造成了政治上和学术上的“窒息”局面。

乾隆皇帝被称为历史上少有的有道之君、有为之君，和康熙一起创造的所谓康乾盛世彪炳史册，有目共睹，但作为一个封建皇帝最终也难以摆脱历史上封建统治者骄奢淫逸的本质。为了炫耀他至高无上的地位，也为了满足他极尽豪奢的帝皇生活，在位期间，他大兴土木，频繁出游，例如修避暑山庄、圆明园，每次耗费都不下亿万两白银；一次又一次的南巡、巡幸五台山、登嵩山、避暑热河等，更是耗资无数。据史载，乾隆一生南巡就有 6 次，第一次在乾隆十六年（1751）其准备工作早在一年前就开始了，从京城出发时，人员多达2000余人，浩浩荡荡，极尽排场。第二次南巡是乾隆二十二年(1757),耗时长达5个月。每次南巡，乾隆号称体察民情，问民疾苦，然而所到之处，劳民伤财，无不怨声载道。

乾隆末年，国家府库几乎挥霍一空，王朝开始走下坡路。有史学家认为，正是乾隆皇帝穷奢极欲，大肆挥霍国家财富，致使清王朝由盛转衰。

乾隆皇帝在位之初，就曾焚香告天，发誓“若得60年，即当传位于嗣子”。乾隆一共3次密定储位。前2次，所定皇子先后夭折了；第三次，密立的是第十五子嘉亲王颙琰。1795年，乾隆当了60年皇帝后，于9月宣布次年退位。第二年正月，乾隆皇帝举行了内禅之典，让位给颙琰，即嘉庆皇帝，这就是清仁宗。乾隆从此自称太上皇，于公元1799年病逝，享年89岁。

延伸阅读

西方科学艺术的传入与交流

为了传教的需要，耶稣会士从西方携带大量的科学文化书籍来华。如继利玛窦为中国耶稣会会长的龙华氏派遣金尼阁返欧洲，募集了大批图书，于万历四十六年（1618）四月和邓玉函等22位耶稣会士第二次来华，带来图书7000余部，李之藻说这批书“其言天文历数，有我中国昔贤谈所未及者”。从明朝万历十年（1582）到崇祯十七年（1644）明朝灭亡止，作为传教手段，传教士在中国开展介绍西方科学文化的活动，许多西方的天文学、数学、物理学、地理学著作传入中国，如《几何原本》《同文算指》《浑盖通图说》《乾坤体义》《远西奇器图说》等书被翻译传入，打开了中国认知世界的窗户。同时，输入的还有西方奇器异物和科学技术，从而促进了我们传统科学发展，为中西文化的交流播下了可贵的种子。

从利玛窦开始，西方耶稣会士为中国学术界带来了前所未闻的世界地图和世界地理知识，并且传入西方最新的测绘方法。利玛窦为了奉承明神宗朱翊钧，测量了北京、南京、杭州、广州、西安等地的经纬度，绘制了一幅迎合中国传统观念的世界地图，把中国画在地图的中央。把西方的经纬度制图法，有关五大洲（亚细亚洲、欧罗巴洲、利米亚洲——非洲、南北亚墨利加洲、墨瓦蜡尼加洲——南极）和五带（热带、南温带、北温带、南寒带、北寒带）的划分传入中国，打开了中国人民的视野，引起了中国执政者对世界的兴趣，提高了中国的地图绘制水平。庞迪我专门为明神宗绘制了4幅世界分洲地图，图的四周加上文字说明，略志各国地理、历史、政治、物产的概况，称为《海外舆图全说》。后来艾儒略根据利玛窦的世界地图，又于天启三年（1623）撰《职方外纪》6卷，当年在杭州刻版印刷。此书分天下为五大洲，既有地图，又有详细介绍世界各国情况的文字。崇祯年间，意大利耶稣会士卫匡国，在实地精密测量的基础上，依靠明代陆应旸的《广舆记》、徐霞客的旅行日记等有关中国方舆志的文献和图书资料，综合利玛窦等耶稣会士长期观测研究的成果，绘制出大量手稿，于顺治十一年（1654）在返欧的旅途中完成了《新世界图》《中华帝国图》和《中国新地图册》。前2幅是大型地图，共8页，1654年在德国奥格斯堡出版；后者是1655年在荷兰阿姆斯特丹出版的地图集，共17幅，附有171页文字介绍（可称《地理志》），末附日本国地图1幅，一度被认为是关于中国地理学方面的最完全、最准确的著作。因此，德、法学者称卫匡国是西方“研究中国地理学之父”。到卫匡国学生南怀仁绘制《坤舆全图》时，已增绘了澳大利亚洲。

利玛窦等来华后撰著和翻译有关宗教的书籍，到康熙三年（1664），已达到100余种，如《天主实义》《畸人十篇》《二十五言》《辩学遗牍》和《圣教实录》等都是著名的神哲学著作。耶稣会士傅沉际和李之藻合译的亚里士多德的《寰有诠》《名探理》，使我国学术界始知西方逻辑学。金尼阁著《西儒耳目资》，成为历来外国汉学家所拟汉字拼音方案的最早蓝本，也为我国现代文字改革提供了重要的参考依据。卫匡国写的《中国文法》为欧洲学者掌握汉语提供了方便。利玛窦向明神宗呈献西洋油画《西洋琴》，特作《西琴人曲》演奏。这是西洋油画和西洋音乐传入我国的开始。

在耶稣会士的影响和帮助下，明清之际在中国科学家中出现了一批既懂西学又精通中国传统文化的科技人才。到了清初，贯通中西的学者、专家日益增多，天文和数学方面最突出。在物理学方面的杰出代表王徵，是金尼阁、邓玉函的弟子，曾著书力田，自制自行车、自转磨、虹吸、鹤饮、刻漏、水铳、连弩、代耕轨、轮壶诸器，邑人以为孔明复出。天启二年（1522）中进士后，又师从金尼阁学习拉丁文拼音法，协助编成我国第一部罗马字注音的专著《西儒耳目资》。

耶稣会士将西方先进的科学传入中国的同时，又把我国的古代文化和科学知识介绍给西方世界。耶稣会士翻译的中国古代著作范围很广，包括儒家经典《五经》《四书》《孔子传略》，刘向《列女传》《历代名贤传》《孙吴兵法》，朱熹《劝学篇》《通鉴纲目》，以及我国古代音乐、舞蹈、宗教、天文等各方面的文献资料。利玛窦（1552—1610）是中西文化交流的开创者，他曾给中国带来《万国舆图》，让国人知道世界有五洲之大；他与徐光启合译《几何原本》，是欧洲数学传入中国之始；他还有《西字奇迹》1卷，将汉字译成拉丁字母，并于明万历三十三年（1605）在北京刻印，这给西方人学习汉语带来极大的便利。当代已故著名历史学家方豪在《十七八世纪来华西人对我国经籍之研究》一文中指出利玛窦深通我国经书，早在万历二十一年（1593）将《四书》译为拉丁文寄回意大利。天启六年（1626）金尼阁把《五经》译为拉丁文，在杭州刊印。此后殷铎泽、郭纳爵合译《大学》为拉丁文，名曰《中国之智慧》（1662年刊刻于建昌），又合译《中庸》为拉丁文，书名《中国之政治道德学》（1667年、1669年分别刻于广州和印度卧亚）。康熙二十年（1681）耶稣会士柏应理回欧洲时，一次即带回中文书籍400余册，并于康熙二十六年（1687）在巴黎刊印其《中国之哲学家孔子》。耶稣会士卫方济以拉丁文译《四书》及《孝经》《幼学》，还以拉丁文著《中国哲学》。这些研究中国经籍的作品，都于康熙五十年（1711）由巴拉革大学图书馆印行出版。由于中国书籍传入欧洲，很快引起欧洲学术界研究中国的兴趣，从中国返回欧洲的耶稣会士，便成为第一批著名的议学家。根据近人朱谦之先生的研究，仅顺治二年到乾隆七年（1645—1742年），欧洲中国学的书目已达到262部之多。当时，返回欧洲的耶稣会士都随带大批图书文件，如顺治八年（1651）卫匡国返欧洲时，把他在中国花了8年时间调查、研究、收集的有关中国的文化、历史，以及有关耶稣会士任钦天监监正官职和历书问题的争论等一大批材料装入行囊，离开杭州，经宁波、漳州返回欧洲。

凡来华的耶稣会士大多研究中国古代文化和科学技术，并著书立说，向欧洲介绍中国古代文明。如卫匡国，于顺治十五年（1658年）发表了中国上古史《中国历史十卷》第一部（又称《中国历史概要》）、中国现代史《鞑靼战纪》（又称《鞑靼同中国的战争》）、《中国耶稣会教士纪略》（又称《中国教友人数和质量简报》），以及带有自传性质的《卫匡国行实》等。康熙四十年（1701）龙华民发表了《关于中国宗教的几个疑问》。18世纪，欧洲出现了耶稣会士们编辑的多达15卷的专谈中国的巨著《关于中国人的历史、科学、艺术、风俗习惯等等的回忆录》。

中国古代自然科学成就也大量传入欧洲，欧洲伟大的科学家达尔文曾从耶稣会士传去的中国文化中吸取了丰富的营养。达尔文看到过卜弥格于顺治十二年（1655）出版的《中国植物志》以及《中国医学及脉经》等，他的著作中提到中国的科学成就和动植物学情况的有104处之多。李时珍的《本草纲目》到十七八世纪传到了欧洲，先后有德文、法文、英文、拉丁文、俄文的译本和节译本。达尔文在《人类的由来》一书中曾经引用《本草纲目》中关于金鱼颜色形成的史料来说明动物的人工选择。万历二十二年（1594）浙江山阴人王泮绘制的《中国全图》（现藏法国国立图书馆），是用毛笔以我国传统的网格绘图法画在带网眼的生丝薄纱上，大小为180厘米 ×190厘米，色彩鲜艳，标位准确，反映了当时中国较高的制图术。网格绘图法由耶稣会士传到欧洲以后，他们用来绘制军事地图，并帮助炮兵进行测量，准确地发炮。欧洲地图集中的第一幅中国地图，就是耶稣会士卢乔其绘制的，此图刊登在《奥代理世界地图集》增补第三版中。

中俄谈判第一使臣——索额图

赫舍里·索额图（1636—1703），满洲正黄旗人，清代大学士索尼第三子，出生于盛京（今沈阳市）。康熙年间权臣，历任国史院大学士、保和殿大学士、议政大臣、领侍卫内大臣等职，曾参与许多重大的政治决策和活动，如辅佐康熙计擒鳌拜、平定“三藩之乱”、参与征伐准噶尔、代表朝廷签订中俄《尼布楚条约》等，为清王朝政权的巩固和边疆稳定做出了贡献。这也使他深受康熙皇帝器重，成为朝廷里最有权势的大臣。康熙四十二年（1703），因参与皇宫中争立太子的斗争而失宠，被解职而囚禁于宗人府，不久离世。

1. 出使俄国背景

清代权臣索额图

清朝建立之前，沙俄已经进犯中国，清初时，中国东北的黑龙江流域受到沙俄侵扰。在入关后，满族亟待解决的是国内的统一问题，各种反抗势力还等着满族去镇压。康熙二十年（1681），这一年，清军终于平定了西南吴三桂割据势力，就开始应对俄国的入侵了。俄国加紧了对中国领土的侵略，第二年，沙俄势力已经深入整个黑龙江流域，还往入海口伸扩，沙俄带来的危机已经到了不得不正面抵抗的地步了。接下来，清政府分别于康熙二十四年（1685）、二十五年（1686）两次组织雅克萨之战，击退了俄军。

尽管打败了俄军，但清政府一直希望能和俄国和平解决问题。第二次雅克萨之战打赢后，康熙曾委托外国使节带信给沙皇，表明大清愿意和俄国谈判解决问题。当时的沙俄因为内外交困，政局很不稳定，又刚刚在雅克萨之战中打了败仗，就同意了谈判。

康熙二十五年（1686）初，沙皇正式任命费多尔·阿列克谢耶维奇·戈洛文为谈判使团的全权大使。戈洛文出身贵族，他的祖父老戈洛文 40 多年前任雅库次克督军，就是他派出军队，第一次入侵我国黑龙江流域的。戈洛文一家可以说是以侵华起家的。戈洛文的父亲、叔父也是大官僚，在派系斗争中属于彼得一世的支持者。戈洛文从青年时代起，就当上了宫廷内务官和侍臣，靠近沙皇，在上层集团中被认为是年轻的干才。副大使为弗拉索夫。使团中包括秘书官、侍臣、宫廷护卫、译员、书吏，随行军队 1938 人。沙皇政府组织这样一支随行军队，意味着它虽然接受了中国的谈判建议，但并不放弃战争手段。戈洛文被授予广泛的全权——外交权、行政权、军权。

沙皇政府给戈洛文颁发了秘密训令，规定了使团任务、权限和谈判方案。谈判方案中最高要求是以黑龙江为界，占领黑龙江的整个北岸；如果达不到这个要求，则以比斯特拉河（牛满河）或结雅河（精奇里江）为界，占领黑龙江北岸；再达不到要求，则以雅克萨为界，但要在牛满河、精奇里江保留中俄两国共同的渔猎场。

1686 年（康熙二十五年）2 月，戈洛文从莫斯科启程。10 月，到达安加拉河上的雷宾斯克。寒潮袭来，风暴大作，安加拉河上已开始结冰，船只不能通航。戈洛文在这里一住就是 8 个月。1687 年（康熙二十六年）

3月，先遣信使文纽科夫和法沃罗夫从北京返回俄国，到达雷宾斯克，同戈洛文会面，带来了康熙又一封书信。信中说：清政府“一面派人传令停围雅克萨城，一面将等候来使，议定勘划边界，停止征伐，互相和好”。

文纽科夫还带回一封秘密信件和一个重要情报。密信是北京的外国传教士南怀仁写给尼果赖的。尼果赖于1676年（康熙十五年）曾出使北京，同南怀仁相勾结。南怀仁在清政府内供职，向尼果赖提供情报。在这封信中，南怀仁建议：俄国方面应坚持用拉丁文作为谈判的中介译语，北京只有外国传教士能将拉丁文译成中文。如用拉丁语为中介译语，清政府就不得不依靠传教士做译员，传教士可以影响甚至操纵谈判的进程。南怀仁在信中写道：“俄国大使哪怕只带一个懂拉丁语的人来，必将给大公（指沙皇）带来利益。”南怀仁这封密信，迫使中国代表团中不得不安插了两个暗中为俄国效力的拉丁语译员。

戈洛文1687年（康熙二十六年）9月底到达贝加尔湖东岸的乌的柏兴（即乌丁斯克，今俄罗斯的乌兰乌德）。他出兵侵扰中国喀尔喀蒙古地区，对蒙古进行搜捕、抢劫和威吓，连自己到达中国边境的消息都没有正式通知清政府。直到1687年11月，他派出以科罗文为首的使者，经蒙古前往北京，安排中俄谈判事宜。

1688年（康熙二十七年）3月，科罗文到达北京。清朝政府对科罗文的到来表示热烈欢迎。科罗文正式通知清政府：戈洛文使团已到达楚库柏兴，但不能前来北京，要求清政府派出使团，前往边界地区进行谈判。清政府接受俄方要求，同意派使团前往边界，双方进行谈判。

清政府毫不迟延地筹组使团，为谈判进行准备。

谈判使团首席代表是索额图，第二名代表是都统、国舅佟国纲，地位显赫。此外，还有理藩院尚书阿尔尼，他多年经营蒙古事务；左都御史马齐；护军统领马喇，他熟悉对俄交涉事务，曾负责接待过俄国使团。使团中有两个汉族官员，一个是兵部督捕理事官张鹏翮，一个是兵科给事中陈世安。

谈判使团中有两名耶稣教会传教士充当译员，一个是葡萄牙的徐日升，原名托马斯·贝瑞拉，1666年（康熙五年）到澳门，1672年（康熙十一年）到北京任宫廷音乐教师；另一人是法国传教士张诚，原名弗朗索瓦·热比雍，受法国路易十四派遣来华，1688年（康熙二十七年）初刚到北京，任清朝宫廷的数学教师。给俄国通风报信的南怀仁没有去，因为他年老坠马受伤，1688年（康熙二十七年）初死于北京。

使团携护卫部队800人，由都统郎谈、班达尔善和副都统等随行。从北京到楚库柏兴，路途几千里，多是山林、沙漠，人烟稀少，缺粮、缺水。所以，使团还包括一个人数众多的庞大后勤队伍，携带着大批食物和驼马牛羊。

索额图在使团出发前，提出："察鄂罗斯（即俄罗斯）所据尼布楚，本系我茂明安部游牧之所，雅克萨系我达呼儿总管倍勒儿故墟，原非罗刹所有，亦非两界隙地也。"他认为，如果沙俄能归还我领土，承认尼布楚、雅克萨、黑龙江是我领土，即可"与之画疆分界，贸易往来。否则，臣当即还，不与彼议和矣"。康熙同意了索额图的意见，并给使团指示，说明了中俄雅克萨战争发生的原因，分析了黑龙江流域中国各民族的分布和地理状况，提出："朕以为尼布潮（楚）、雅克萨、黑龙江上下，及通此江之一河一溪，皆我所属之地，不可稍弃之于鄂罗斯。"（参见《圣祖实录》）

2. 对外第一使臣

索额图使团于康熙二十七年（1688）从北京出发。经居庸关、张家口，一个月后到归化城（今呼和浩特）。北行，进入喀尔喀蒙古地区，队伍穿行在广阔的沙漠中，沿途都是冈阜沙碛，缺乏水草，气候又炎热，人马日有死亡。历时一个多月，使团到达克勒阿祭拉漠，看到一批批向南逃难的喀尔喀蒙古人，原来是噶尔丹叛乱。索额图使团行近战地，道路阻塞，无法前进，只好在当地停留待命。康熙遣使者前来，命令使团折返北京。另派轻骑前往俄国使团驻地，告以中国使团折返北京原委，约定将谈判日期推迟。具体谈判日期和地点，由戈洛文再派信使到北京商定。中国使团的第一次行程，就这样被噶尔丹叛军所阻而中断。

康熙二十八年（1689）年初，戈洛文才派洛吉诺夫前往北京。洛吉诺夫是俄国外务衙门的书吏，他带43人取道尼布楚、齐齐哈尔，于5月抵北京。洛吉诺夫呈递了戈洛文的信件:要求谈判时“双方人数应相等，相会地点，当定于两国边界之间”。两天后，清政府即同意尼布楚为谈判地点。

洛吉诺夫在京期间，会见了徐日升。这时，南怀仁已死。徐日升乘机将索额图、佟国纲的身份、地位透露给洛吉诺夫，并交给他一封拉丁文密信。徐日升认为，中俄谈判将给外国侵华事业带来机会，他大力巴结、恭维沙皇，“我们看到永远拯救无数生灵的圣旗已经树起，我们的时代已经开始”。

清政府立即组成谈判代表团，成员有索额图、佟国纲、郎谈、班达尔善、萨布素、马喇和温达等。传教士徐日升、张诚仍任译员。清政府对戈洛文使团随带大批军队表示疑虑。为保证使团安全,清政府派出“官兵同往者量增于前”，人数为 2500 ~ 2900 人。

临行前，清廷对当前形势和谈判方针重新作了研究。清廷意识到，一场艰巨的平叛战争已无可避免。俄国的侵略和噶尔丹叛乱是相互联系的。为摆脱两线作战的不利处境，清廷决定先集中力量，对付噶尔丹叛军。在研究对俄谈判方针时，索额图仍然提出前一年的方针，“尼布楚、雅克萨既系我属所居地，臣等请如前议，以尼布楚为界，此内诸地，皆归我朝”。康熙意识到形势已发生不利变化，谈判方针需要有所改变。他说：“今以尼布潮（楚）为界，则鄂（俄）罗斯遣使贸易，无栖托之所，势难相通。尔等初议时，仍当以尼布楚为界，彼若恳求尼布楚，可即以额尔古纳为界。”（参见范文澜著：《中国通史》第十卷，人民出版社 2009 年版）

以索额图为首的谈判使团，于康熙二十八年四月二十六日（1689 年 6 月 13 日）第二次出发。索额图、佟国纲率 1400 名士兵走陆路，经山岭、草原、急流、沼泽，行程 3000 里，历时 49 天，于 7 月 31 日到达尼布楚；郎谈、萨布素、马喇率领 1500 名士兵及庞大后勤队伍由瑷珲乘船，溯黑龙江而上，经雅克萨，于 7 月 26 日到达尼布楚。

3. 艰苦谈判

尼布楚城，在黑龙江北源（石勒喀河）和尼布楚河的汇流处。黑龙江向东偏北汹涌流泻,河面宽约1里。尼布楚河从北面几百里外的外兴安岭万山丛中奔腾而来。两河汇流处，形成平坦三角洲，尼布楚城即筑在这里。谈判开始前，尼布楚城外的俄国人都撤进了城。城头上的大炮，对准了黑龙江江面。

清军的100艘木船整整齐齐地停泊在两河汇合处的河湾里，岸边一座绿色大天棚与木船相连接，这里是中国使团每天聚会议事的地方。使团的营帐扎在黑龙江南岸。出人意料的是，戈洛文不但不在尼布楚，而且连确切抵达日期也没有。直到8月19日，戈洛文才慢悠悠地到来。

戈洛文到达尼布楚当天，双方就会谈方式、时间、地点进行磋商。两天后达成协议，双方同意会谈的安排“应在每一件事上平等”的原则。双方议定于康熙二十八年七月初八(1689年8月22日)举行第一次会议，在尼布楚河岸边距尼布楚城200俄丈处，各自设帐篷，其中一个相互连接,备会议之用。会议帐篷内座位相对，任何一方不得多于对方。进入现场之使臣、官员各为40名，卫队260名。卫队侍立于会议帐篷10俄丈以外（1俄丈相当于2米）。

这场从3年前就开始期待的中俄谈判终于在七月初八（8月22日）这天拉开了帷幕。中国使团是带着诚意来的，他们以为谈判不用耗费多少时日，十几天就能签约。但谈判的对手是戈洛文，此人狡诈阴险，诡辩有术。他把中国使团的善意当作他捞取利益的机会，看出中国使团急于求成，摆出一副不急不慌、稳坐泰山的架势，虚与周旋，装模作样地拿出一个个显然让人接受不了的方案，然后不断地讨价还价，冀图逼迫中方一步步退让，为俄方谋取不切实际的利益。而中国使团中两名传教士译员，却也是身在曹营心在汉，暗地里为俄国人服务，为俄国人敲边鼓、打帮腔。

第一次会谈，戈洛文先发制人，以攻为守，一面炫耀武力，一面打出和睦友好的幌子，企图把侵略和挑起战争的罪名加到中国头上，向中国提出了无理的指责和要求。

索额图立即发言予以反驳，他首先回顾了俄国侵略中国的历史，指出雅克萨战争的起因。双方展开了短兵相接、针锋相对的激烈辩论。

戈洛文一口咬定：贝加尔湖周围和黑龙江流域“自古以来即为沙皇陛下所领有，而博克多汗（即康熙）殿下则从未管辖过”。他指责中国“无端派兵侵犯沙皇陛下的国界”，“制造流血事件”，要求赔偿损失。

索额图严正声明：“黑龙江一带，沙皇陛下的人从未领有过，贝加尔湖这面的所有土地都隶属于中国皇帝方面。”索额图列举许多确凿的事实加以论证，“鄂嫩河、尼布楚皆为我茂明安（喀尔喀一部）等诸部落原来居住之地。雅克萨为我虞人（猎人）阿尔巴西等居住之地。至于贝加尔湖这边的土地，全是蒙古汗的领地，而所有的蒙古人自古以来他们就是中国皇帝的臣民”。在索额图义正词严的辩驳下，戈洛文言语支吾，漏洞百出。

索额图最后严正指出：中国使团是奉命来参加划定边界谈判，签订和约的。希望俄方不要无理纠缠，诚意进行边界谈判。这时候，耶稣教会传教士出来帮助解围。徐日升插话说：“各位大人，我认为，翻旧账是没有什么用处的，只是浪费时间。”他建议立即讨论划界问题。关于中国东北和北部领土历来归属以及沙皇是侵略者这两个问题，在徐日升建议下被搁置了起来。

俄方的第一个划界方案：“应以阿穆尔河（黑龙江）一直到海为界，阿穆尔河左岸属沙皇陛下方面，右岸属博克多殿下方面。”面对如此荒谬的方案，索额图气愤至极，断然拒绝，并严正地表明：里雅那江（即勒拿河）原本就是我国疆界，黑龙江流域以及贝加尔湖以东自古以来就是中国的领土。他提出以勒拿河和贝加尔湖作为中俄国界。他态度鲜明且坚定地表达立场：“（中国皇帝）并未谕令他们向沙皇陛下方面割让一寸领土，同样没有令他们去占领对方领土。”

双方争论不休，直到夜幕降临，也迟迟不能达成协议，双方谈判无果，只好暂时休会。

次日，也就是七月初九（8 月 23 日），举行第二次会谈。

中国使团没有经历过这种谈判，把事情看得简单，以为在互相交换意见后，能否达成协议，自然水落石出。他们很少考虑用什么策略手段，认为整个谈判过程可以很快结束，就像徐日升在他所著《耶稣会士徐日升关于中俄尼布楚谈判日记》中所写的："中国人对这些他们不习惯的事情毫无经验，他们估计只要 10 天便可订约。”中国使团很重视第二次会谈，认为这是可见分晓的关键性会谈。而俄国方面则不然，他们要把预先拟定好的四个条约文本逐个进行讨价还价。俄方将第二次会谈，仅仅看作旷日持久战的序幕。

会谈一开始就讨论划界方案。双方都守住前一天各自提出的方案，不肯先另提方案。徐日升在做翻译时，又擅自加进了一些索额图根本未谈的话，如“已向雅克萨派出大量军队”。戈洛文抓住这句话，大肆问罪："钦差大臣提起此事用意何在？或许是想放弃使臣会谈，而诉诸武力？”索额图被问得莫名其妙，但随即发现是传教士擅自加了话。后来通过蒙语翻译，澄清了真相，“索额图命令耶稣会传教士只谈边界问题，从未令他们谈军事问题”。

突然引起的风波平息了，但索额图情绪阴郁，事实使他认识到俄国使团诡谲莫测，谈判前途渺茫。

这时，戈洛文故作姿态，表示首先让步，抛出了他的第二个方案：把边界划到牛满河，中国方面赔偿雅克萨损失。按此方案划界，清政府不但未收复失地，反而要把自己实际控制的黑龙江中游地区拱手让给俄国。

索额图自然不会同意戈洛文的方案。但他认为戈洛文的态度有所松动，认为这是把自己方面预定的方案、让步说出来，以促成谈判的时机了。索额图提出了中方的第二个划界方案：“应以尼布楚为界，左面，沿黑龙江往下至尼布楚，属沙皇陛下方面；右面，沿黑龙江至鄂嫩河以及鄂嫩河至发源于筏场的音果达河一带，均属中国皇帝。”“由音果达河直至楚库河、色楞格河，彼岸属俄罗斯，此岸属喀尔喀。”

索额图的第二个方案，是做了极大的领土让步的。清政府愿意做出这样重大让步，希望以此换取俄国谅解，迅速地把贝加尔湖以东直至鄂霍次克海滨的中俄边界全面划定，结束两国争端，维持比较长期而稳固的和平。

戈洛文听到中国使团做出了这样重大让步，喜出望外。沙皇预定方案中已把雅克萨划出去，现在要试一试能否把边界划到距雅克萨以外 1000 多里之处呢？于是，戈洛文抛出第三个方案："为使双方使臣不虚此行，为了签订和约，现特向钦差大臣宣布再不能更改的与事实相符的划界建议：边界划到结雅河，阿穆尔河（黑龙江）左面至该河属沙皇陛下方面，右面归博克多汗殿下所有。"

索额图听了戈洛文的方案后，老老实实、诚诚恳恳地答复了戈洛文。据徐日升所记："（中方）除尼布楚以外，再无别的边界可以接受，他们已无话可说。他们愿意签订和约，只是奉本国皇帝的谕旨，超过上述限度，无法再提其他建议。"

第二天的会谈，就这样没有达成任何协议而散会。

会后，戈洛文立即派人将徐日升和张诚找去，对他俩进行贿赂和收买，他俩欣然同意为俄罗斯效劳。缺乏谈判经验的中国使团，不仅要面对老谋深算的戈洛文，自己帐下还埋伏着两名被收买过去的翻译，其处境何其艰难而又复杂！

从康熙二十八年七月十日（1689 年 8 月 24 日）起，正式会议休会，转入会外谈判。这样的会外谈判共进行了 14 天。

对于七月九日（8 月 23 日）会议上索额图很快就让出了尼布楚，戈洛文是心满意足的。但他不肯迅速拍板，而是继续玩弄外交手腕，想利用中国使团急于达成协议的心理，以谋取更大的利益。戈洛文提出了五花八门的划界方案，没完没了地同中国使团纠缠。

但索额图的答复坚定明确：中国方面对边界划分已提出了明确的建议，没有其他的话要说。但是，中国使团准备聆听俄方的建议和意见，并将给予答复。

中国使团对会议极为失望。本着以诚相见，已经割让了尼布楚，但俄方野心极大，坚持要霸占雅克萨，谈判已陷入僵局。除非俄方改变立场，同意撤离雅克萨，否则谈判难以继续。中国使团担心谈判落空，千里迢迢而来，徒劳而返。

徐日升和张诚看到索额图对谈判有绝望情绪，可能决定不订什么条约，无功而返了。他俩认为，这正是帮着戈洛文拴住中国使团、把谈判权力更多揽到自己手中的时候。徐日升说：“缔结和约仍有很大希望。”张诚讲：“俄国人将放弃雅克萨。”他俩毛遂自荐，愿去会见戈洛文，探听俄国意图。

七月十一日（8 月 25 日），两个传教士在员外郎喇喜的陪同下来到河北岸，把康熙所定的最后边界和中国使团的情绪统统告诉了戈洛文。他们建议戈洛文，“自己应当判断，在尼布楚与雅克萨之间，何处可以满意地划作两帝国的边界”。

戈洛文当着中国官员喇喜的面，表示愿倾听中方意见，加以考虑和研究。同时询问：俄国撤出雅克萨后，中国将把边界划在尼布楚和雅克萨之间的什么地方？但对喀尔喀蒙古地区的划界，戈洛文坚辞固拒，口风很紧，不肯进行任何谈判。

七月十二日（8 月 26 日），俄国使团明确提出，“喀尔喀人的问题不列入和约”。喀尔喀人问题，是戈洛文一块最大的心病。他在到达尼布楚以前，用了两年之久的时间，刚刚把蒙古人民的反抗镇压下去。如果讨论喀尔喀地区划界，不但会限制俄国势力进一步向南扩张，甚至会再次爆发蒙古人民脱离俄国统治的大规模抗俄斗争。

中国使团经再三考虑，把收复雅克萨、保持与俄国的和平放在第一位，表示可以暂时不谈喀尔喀地区划界，等平息噶尔丹叛乱后再议。但为防止俄国利用界址未定的空子，继续向南扩张，因此在同意搁置这一问题时严肃声明：“俄国人不得在萨哈连乌喇（指黑龙江上游的石勒喀河）和在此稍南一点的一道山脉之间的土地上定居，也不得向喀尔喀人的土地上推进。”中国喀尔喀蒙古地区和俄国之间的边界划分（中俄的中段边界），就这样被搁置了下来。

中国为了争取俄方退出雅克萨，除同意将喀尔喀的划界暂时搁置之外，又作了两个重大让步：第一，以黑龙江上的支流绰尔纳河作为边界。后在俄方要求下，东退至格尔必齐河。这比第二次会议上所提尼布楚为界，向东共退了约 500 里。第二，将黑龙江上游南岸边界线让到额尔古纳河。额尔古纳河距尼布楚 900 里，且这一带物产、矿产丰富。

中国使团以为，做了这些让步之后，雅克萨当能收复，协议即可达成，条约当会签订，他们只等待俄方的答复了。

七月十三日（8 月 27 日），戈洛文指着地图向中国官员喇喜等宣布："边界在雅克萨以下不远之处。"中国官员听罢，如五雷轰顶，几乎不相信自己的耳朵。中国方面做了许多让步，而俄国仍要继续霸占雅克萨。连徐日升也告诉戈洛文："请派别人去送致他们的答复，因为我本人无颜去宣布这个答复。"

索额图听到俄方这个方案，气愤地说：俄国强占雅克萨，这是不久前的事。他们凌辱、蹂躏中国居民，干尽了种种坏事。现在还想永远霸占，这是绝对办不到的。中国绝不承认俄国对雅克萨的占领。俄国使团三天之内出尔反尔，自食其言，背信弃义，"显然，全权大使不是来议和，而是进行欺诈"，中国使团不愿对他们做任何答复。

至此，谈判又陷入僵局。

正当中俄在尼布楚谈判的时候，当地的中国各族人民掀起了轰轰烈烈、声势浩大的抗俄斗争，这场斗争在很大程度上抑制了戈洛文无休止的骗局，促进了中俄两国谈判的进程。

自从俄国侵占尼布楚以来，当地各族人民反对俄国侵略的斗争从来没有停止过。中国使团从水陆两途到达格尔必齐河口时，受到从尼布楚跑出来的喀尔喀蒙古人的欢迎，他们恳求中国使团搭救被俄军掳去的蒙古人。

中俄谈判正在进行中，突然传来消息，在俄国军队强迫下迁往西北山中的中国各族人民造反了，他们突破俄国封锁，从山中大批涌出，要渡河去寻找和迎接祖国的来使，"遗民忍死望恢复，几处今宵垂泪痕"（南宋·陆游：《关山月》）。

喀尔喀人的抗俄斗争，使戈洛文感到恐慌和震惊。中国使团就驻扎在附近，俄国既不敢派遣大批军队去镇压，又不甘心坐视被囚禁的中国人逃脱牢笼。他更担心贝加尔湖以东、包括楚库柏兴、乌的柏兴等地的人民产生连锁反应。戈洛文不得不改变其策略，抛出俄国政府预定的划界方案，撤出雅克萨，使谈判能继续下去。

七月十三日（8 月 27 日）夜晚，中国使团人员忙忙碌碌收拾打点，准备天亮后渡河。国舅佟国纲和徐日升在一起谈话，他愁眉不展地说："俄国人只是要弄我们，不想真正谈判，看来我们又是白跑了。"但是，深夜戈洛文派遣官员到中国使团驻地，向索额图等说明：“钦差大臣认为沙皇陛下方面的全权大使似乎在进行种种欺诈……欧派贵族和书吏，授命他们向钦差大臣宣布：大君主沙皇陛下为了与汗殿下（康熙）建立牢不可破的友谊与亲善，同意按照汗殿下的意旨，在阿尔巴金（雅克萨）之地划定边界。”在谈判即将破裂之际，戈洛文终于亮出底牌。索额图得以完成康熙皇帝交代的使命，使团上下莫不欣喜。

戈洛文在他的《出使日记》中谈到自己为什么同意以格尔必齐河和额尔古纳河为界的3点考虑：一、尼布楚地区中国人已经起来造反，为防止这一连锁反应扩大到贝加尔湖周围去，必须和中国迅速达成协议；二、“中国钦差大臣异常顽固”，也就是说，中国使团态度坚决，顶住了戈洛文的压力和讹诈；三、额尔古纳河以西，有银矿、盐湖，并且耕地甚好。“为了将额尔古纳河右岸所有上述矿区和有用地区留在沙皇陛下方面”，才放弃了额尔古纳河左岸的无用之地。

至此，中俄双方在划分两国东段边界的问题上取得了初步协议。

经过艰巨、复杂的谈判，中俄双方达成协议，定于七月二十四日（9月7日）在尼布楚城外50俄丈的一个帐幕里举行签署仪式。

七月二十三日(9月6日)夜间，中国营地灯火辉煌，人们高高兴兴地做着准备。康熙二十八年七月二十四日(1689年9月7日,俄历七一九七年八月二十七日)晨,徐日升、张诚等先到俄方营地去誊写条约文本，中国使臣全副朝服，率领官员和士兵前往会场。

突然，事情又出现了波折。俄方又就中国皇帝和俄国沙皇排列的次序、条约的份数、签署的方式提出异议。最后双方议定:第一，各方只缮写两个条约文本，拉丁文本作为正式文本,另一种本国语言（满文或俄文）的文本为副本，各自把自己国家的君主写在前面;第二，双方在条约的两个正式文本（拉丁文本）上共同盖章签字，而满文本和俄文本上只由本国盖章签字……

开始举行签署和交换仪式时，已经到了晚上6点了。索额图和戈洛文代表两国使团宣誓，对所订条约，

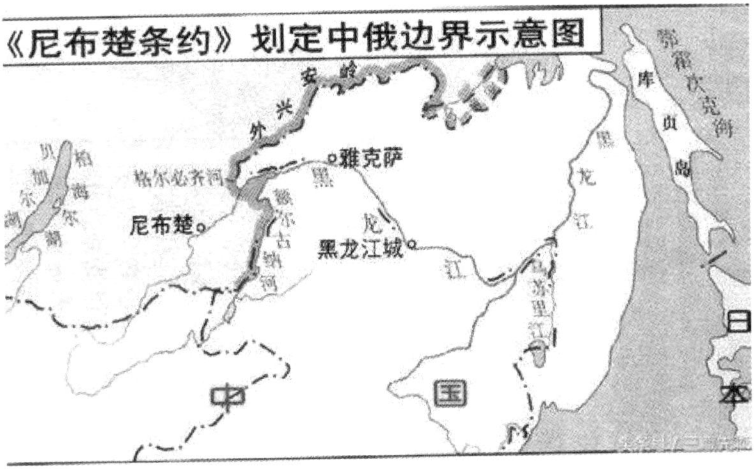

《尼布楚条约》划定中俄边界示意图

两国永远遵守不渝。宣誓毕，双方交换条约文本。直到深夜，中国使团才返回自己的营地。一整天的等待、交涉和仪式，已使中国使团精疲力竭。但是，几个月来的长途跋涉和艰难谈判，总算有了成果。当他们离开会场时，没有一个不为条约的签订而感到欣慰喜悦。

《中俄尼布楚条约》中规定，以格尔必齐河、沿此河源之石大兴安岭至海和额尔古纳河为两国的分界线。清政府在领土方面作了很大让步，将尼布楚周围及其以西原属中国领土让给了俄国，以换取俄军撤出雅克萨。条文中规定了俄国在雅克萨和额尔古纳河南岸的据点全部拆毁、迁移。

中俄东段边界，全部按河流、山脉等自然界线来划分，这是简便而唯一可行的方案。

条约规定：兴安岭以北与乌第河以南之间地区，暂行存放，留待以后议定。

最终《中俄尼布楚条约》得以签订下来，自此以后 150 多年里，我国东北边境获得以保持和平安定。作为这次谈判的中方主要代表，为此次谈判做出贡献最大的就是索额图，所以他被史家们认为是中国外交史上值得纪念的人物。

康熙年间，来华传教的葡萄牙人、耶稣会传教士徐日升 (Thomas Pereira，1645—1708) 在他的日记里有过记录：在清政府和沙俄举行边界谈判、签订协议之前，索额图和徐日升曾经打赌，如果谈判成功，顺利签订合约，索额图自愿输给徐日升一匹宝马，反之，徐日升送索额图一台座钟。索额图表示，之所以有这个赌约，是因为他输得高兴，他输掉的只是一匹马，却赢得了一场意义非凡的和平。

《中俄尼布楚条约》共6条，它是中俄间第一个正式条约，也是比较平等的条约。索额图以坚强的外交决策，确立了中俄边界。从此以后，清廷再没有第二个这样的平等外交条约了。

索额图在条约签订后，立界碑而还。他在返京途中经过热河狩猎围场，康熙正在此打猎，他受到康熙的接见。康熙当时对索额图办事得力很为满意。

4.“第一罪人”

索额图是康熙朝廷的重臣。康熙初年，曾协助康熙粉碎鳌拜叛乱，并将其党羽一网打尽。也曾在康熙二十九年（1690）和康熙三十五年（1696）两次参加过平定噶尔丹叛乱的战争，康熙四十年（1701），索额图以自己年老，奏准皇帝，从侍卫内大臣的岗位退休后，只负责照顾皇太子。康熙晚年，后朝廷内斗，最终索额图落得悲剧下场。

康熙跟皇太子允礽有了嫌隙，索额图作为允礽的

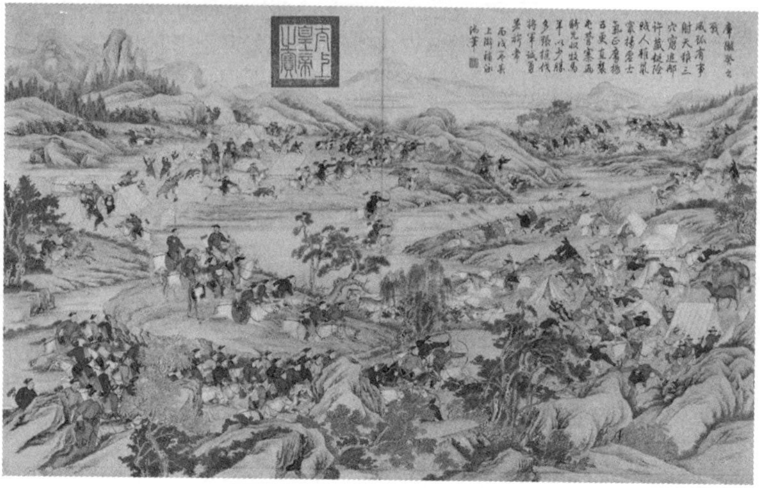

清平定噶尔丹叛乱

老师，也是其生母的叔叔，因其关系密切而受到波及。康熙四十一年（1702），皇上去德州时皇太子随行，到德州不久，太子就病了。康熙突然召索额图到德州，表面上是令其前去探病照顾，事实上是对他有所猜忌。他在德州待了一个月，太子病好后，索额图就回京了，只是万万没想到，这次德州之行会给他带来灭顶之灾。

第二年五月，康熙以结党营私、妄论国事的罪名下令由宗人府逮捕索额图，而且罗织一条罪名说，先年在到达德州的时候，索额图见到皇上下马太慢，这分明不把皇上放在眼里。另外，康熙指责索额图，在照顾皇太子期间，纵容皇太子在服色、仪制上冒犯皇帝，最终，康熙钦定“索额图诚为本朝第一罪人也”。

所有与索额图有关联的人都遭到禁锢，连一起参加尼布楚谈判的温达也没能避免，索额图的远近亲属全部株连被罢官。不久，索额图死于幽禁之所，时年46岁。

索额图死后5年，即康熙四十七年（1708），康熙又以“允礽欲为索额图报仇，令朕戒慎不宁”（《清史稿·索额图、明珠传》）为由，废了皇太子允礽，并且下令将索额图的两个儿子格尔芬、阿尔吉善处死。

索额图因触犯了封建皇帝的根本利益，不仅自身遭幽禁抑郁而亡，且祸及后嗣。从外交上来讲，清朝后裔，无人能及索额图。他们办得更多的是荒唐无知、丧权辱国的外交，以致中俄界线步步后移到黑龙江的中流。

延伸阅读

清代的外交管理制度与外交机构

清朝时期的主要外交机构有：

一、理藩院

近代以前的中国，严格意义上讲，也即从近现代意义上讲，无所谓外交，只是“理藩”而已。清朝时期理藩院是管理蒙、回、藏等少数民族事务的机关，但也负责一部分外交事务。清军在关外时，蒙古归附；清崇德元年（1636），清设“蒙古衙门”；崇德三年（1638）六月，“蒙古衙门”改名为理藩院。清在入关前有蒙古为其“藩”（内附），有朝鲜为其“属”（外交），藩附属理藩院管辖。入关后，藏、回等族事务也归理藩院辖。但是清朝把北方境外俄罗斯及西南相邻的廓尔喀（尼泊尔）也想当然地列为“外藩”，与这两国的交涉事务也归理藩院负责。顺治元年（1644），改置尚书、侍郎。顺治十六年（1659），理藩院尚书、侍郎改兼礼部衔，定为“礼部尚书（或侍郎）衔掌理藩院事”。顺治十八年（1661），又去掉礼部衔，专掌“蒙古及藩部封授、朝觐、贡献、黜陟、征发之政，控驭抚绥，以固邦翰”。“理藩一职，历古未有专官，唯周官大行人差近之”。康熙十一年（1672），朝廷定官制同6部，理藩院亦入议政之列，设录勋、宾客、柔远、理刑4司。雍正时定以王、公、大学士兼理院事。乾隆时理藩院下属有旗籍、王会、典属、理刑、徕远6清吏司。清早期相当长的一段时间内，理藩院包揽了与俄国交往的一般事务。清《俄罗斯事例》规定，俄国贸易行文，应将原文“报明理藩院，听候办理”（《光绪会典》）。理藩院还专设俄罗斯馆（1694年，即康熙三十三年设立）。《恰克图条约》明文限制了俄国来华官方商使每三年一次，每次200人以内。俄官商来京，“寓俄罗斯馆，八十日间，许以免税通商”（《清朝全史》第四十四章）。咸丰五年（1855），理藩院主订《伊犁塔尔巴哈台通商章程》。咸丰十年，理藩院定《中俄续约》，到清晚期“自译署（总理各国事务衙门）设，职权渐已”。

二、礼部

清早期对外交往的具体事务，除俄罗斯、廓尔喀、浩罕以外，其余所有“属国”“与国”事务，都属礼部。商朝有宾官，周朝有春官，隋唐以后，各代都有礼部。清朝入关前，于天聪五年（1531），始设礼部，掌祀典、庆典、军礼、丧礼、接待外宾、科举、铸印等政务。顺治元年（1644），置尚书、侍郎各官。礼部并不是专管外交事务的机构，其下属一些涉外机关如主客清吏司、会同四译馆等才是专门的外交机关。古代外交在整个政治生活中的地位不如今天重要，因此外交事务只是作为礼部的兼职。

礼部下属主客司的职能是：“掌宾礼，凡四夷朝贡之仪，封册之命，饩赐予之数，高下之等，悉隶焉。”（《清通典》职官三）主客司下面还设赏赐科、四译科、火房科等分掌官方礼赠、通事翻译、外国人食宿等事务。清代著名爱国诗人龚自珍担任过礼部主客司主事一职。

会同四译馆为会同、四译二馆合称。顺治元年

（1644），分设二馆。会同馆隶属礼部，以主客司主事提督之。四译馆隶属翰林院，受太常寺汉族少卿管辖。四译馆分设回回、缅甸、百夷、西番、高昌、西天、八百、暹罗八馆，以译远方朝贡文字。还置序班 20 人，朝鲜通事官 6 人。十四年（1657），置员外郎品级通事一人，掌会同馆印。乾隆十三年（1748），省四译馆入礼部，更名“会同四译馆”，改八馆为二,一为西域馆，一为百夷馆。各馆馆卿负责招待外国使节，教习中国礼节，安排在东江米巷（后称东交民巷）下榻，提供所需器用、饮食、柴炭等，凡外交开支都造册送主客司咨户部核销。清朝“属国”贡使都能遵循“天朝”礼规，西洋各国，除荷兰外都不愿向中国皇帝或帝位行三跪九叩礼。馆卿的责任还有：为那些愿意接受清朝礼规的使书引见“龙颜”。皇帝一般要接见守礼节、持正式国书的外国使臣，馆卿则安排在礼部赐宴，在午门外赐赏（参见王志明：《清代职官人事研究》，上海书店出版社 2016 年版）。

西域、百夷二馆是翻译文书、培养译员的单位，是清朝前期的“外语学校”，学生很少，以序班为教员。

三、鸿胪寺

鸿胪，古为九卿之一，是主管外国事务和少数民族事务的官职。清仍设鸿胪，但其职能多为理藩院及礼部主客司所取代，变成专掌赞襄礼仪之官，近似于今之礼宾司。顺治元年（1644），始设鸿胪，一应事宜，皆由礼部掌行。十六年（1659），改由本寺自行办理。鸿胪卿初制，满族官员从三品，汉族官员为正四品，顺治十六年（1659）并定正四品。十八年（1661）复改归礼部。康熙十年（1671）又改归本寺。雍正四年（1726）复归礼部统辖。

促进中俄交流的地理学者——图理琛

图理琛（1667—1740），也作“图丽琛”，字瑶圃，号睡心主人，其先祖为满洲正黄旗人叶赫人阿颜觉罗氏。是清代旅行家和政治家。曾在康熙、雍正、乾隆三朝为官。图理琛于康熙五十一年至五十三年（1712—1714）代表清政府出使土尔扈特部，此后，土尔扈特部派使团回访表示感谢。这次出访和回访不但密切了土尔扈特部和祖国的关系，还沉重打击了沙俄吞并土尔扈特的野心。图理琛多从事外交，雍正五年（1727）为策凌副使，与沙俄政府签订《中俄布连斯奇界约》《中俄恰克图条约》。曾历任陕西巡抚、吏部右侍郎等官。雍正十三年（1735），图理琛任内阁学士、工部侍郎。乾隆二年（1737）因年迈告病辞官。作为旅行家，图理琛所著《异域录》，记叙途经喀尔喀蒙古、西伯利亚等地的见闻，被《四库全书》收入。

1. 天朝名臣

在中俄关系史上，有一个重要人物，他曾作为我国首位奉派出使俄国的高级官员，为增进中俄两国人民的友谊和文化的交流做出了贡献，并根据自己的见闻撰写了世界舆地史上享有盛名的《异域录》一书。他还参与订立了中俄两国间的重要界约《中俄布连斯奇界约》《中俄恰克图条约》，他就是身历康、雍、乾三朝的清代名臣图理琛。

图理琛知识渊博，富有才干，常有洞见，且颇具文才和口才。康熙五十一年（1712），图理琛曾奉命与侍读学士殷札纳等组成使团，取道西伯利亚，慰问伏尔加河下游的厄鲁特蒙古土尔扈特部，历时三载，由此驰名中外。

土尔扈特部是元代大臣翁罕后裔，原为厄鲁特蒙古四部之一（其他 3 部，即和硕特部游牧于今乌鲁木齐地区；准噶尔部游牧于今伊犁河流域；杜尔伯特部游牧于今额尔齐斯河流域），最早游牧于塔尔巴哈台附近的雅尔地区。17 世纪 30 年代，土尔扈特部因受准噶尔部压迫，西迁至伏尔加河下游地区游牧。17 世纪末和 18 世纪初，彼得一世统治沙皇俄国，沙俄逐渐控制土尔扈特部，但土尔扈特部并未臣服。沙俄为了完全征服土尔扈特部，采用了培养亲俄贵族、征调土尔扈特部士兵和高压控制土尔扈特百姓等手段。严酷的压迫和剥削，加之深切的祖国情，使得土尔扈特部反抗之心愈烈。康熙十二年（1673）后，沙俄又强迫土尔扈特签订一系列不平等条约，取得在土尔扈特蒙古地区多种商贸经济特权，并进一步在政治上实行控制，宣称土尔扈特已属沙俄所有，遭到土尔扈特人民强烈反对，在此后不断爆发武装起义。17 世纪末年，土尔扈特终于决定归附于清朝。

康熙四十三年（1704），该部首领阿玉奇之嫂携子阿拉布珠儿及部众不远万里回到西藏朝佛，觐见康熙皇帝，阿拉布珠儿被康熙封为"贝子"。

康熙五十一年（1712），土尔扈特汗阿玉奇遣使萨穆坦借道俄国，历经两年多艰难的旅程抵达北京，向清朝朝贡。康熙皇帝龙颜大悦，为嘉奖土尔扈特部的诚心，赏赐其大量的金银珠宝、绫罗绸缎，还决定派使者出访土尔扈特部以示彼此通好巩固边疆。

2. 慰问土尔扈特部

康熙五十一年（1712），内阁侍读图理琛作为此次出访的使者，带领着使团其他成员：侍读学士殷札纳、理藩院郎中纳颜、厄鲁特人舒哥和米斯，以及随从武官 3 名、家仆 22 名、阿拉布珠儿所遣 4 人一行共 34 人，由北京出发，北上经张家口，越过蒙古高原，进入俄境。旅途横穿西伯利亚，经过叶尼塞河、鄂毕河和伏尔加河三大河流，跨越乌拉尔山脉，到达欧洲境内的俄国中部。虽然清政府此前已要求俄国允许使团经过，但俄国方面一直阻挠，给使团的出使增添了许多困难。使团历经千难万险，终于在两年后的 5 月底，抵达土尔扈特首领阿玉奇游牧的草原马努托海（今马纳特）。图理琛使团的这次出使，可谓一次了不起的壮举。

接到清朝使团到达的消息后，阿玉奇和部众都十分激动，他们立即修理毡房并准备丰盛的食物，热烈欢迎了远方来客。

欢迎仪式后，图理琛等交付给阿玉奇汗康熙皇帝的“谕旨”，并转达了康熙的问候。阿玉奇对祖国极为关心，对祖国国事一一询问，并向清使者声明土尔扈特部属于祖国。阿玉奇和清朝使者互相交换了意见，加深了两方对彼此的了解和情谊。清朝使团留居了 14 日，每天都有歌舞盛宴，此外还有观摩骑射等活动。

康熙五十三年（1714）六月，清朝使团完成出使任务，踏上归途，于康熙五十四年（1715）三月，计不到一年回到北京。这次出访达到了清朝收归土尔扈特部、巩固边疆的目的，也使土尔扈特部得到庇护，慢慢从沙俄的控制下摆脱出来。

图理琛使团在出使期间，始终遵循康熙皇帝的训旨："尔等随役，不可无礼妄行，须严加约束。""尔等须庄重行事，不可轻于戏谑。若馈送等物件，毋遽收受，必须再三却辞。"（参见《四库全书·史部·地理类》）严于律己，极为严谨，树立了令人尊敬的"天朝使者"的形象。彼得大帝曾回话嘱令托波尔斯克总督等官员："尔等须当钦敬护送至阿玉奇处，一应马匹不可延误。"各地地方官员也"排兵列帜，鸣炮放枪，鼓吹迎接"。图理琛思维敏捷，通晓天文地理，眼界开阔，对待异

土尔扈特部回归祖国图

邦官员人士，或中国外迁的土尔扈特部众，无论阐事析理，还是回应诸询，都能对答如流，俄国官员多折服，曾在向沙皇的报告中称图理琛为“天朝使者”“知识高明”。图理琛使团作为清朝派往马弩托海的第一个使团，虽然不是直接出使俄国首都，但大部分行程和时间都在俄罗斯。作为中国官方派遣的第一个到达俄国境内的人，图理琛对中俄两国的文化交往功不可没。

图理琛使团此行的主要目的是慰问土尔扈特蒙古族。这次出行，增强了我国各族人民的兄弟情谊和民族团结，增强了土尔扈特部和祖国人民的联系与感情，为后来该部万里迢迢回归祖国打下了基础。

回国后，图理琛根据出使伏尔加河流域的见闻，撰写了《异域录》，成为中国人写的第一部旅俄游记。该书用满、汉两种文字，记述了使团途经喀尔喀蒙古、西伯利亚等地的所见所闻，包括道里、方位、山川、物产、城邑、要塞、民族、宗教、风土、人情、礼仪、习俗等，并涉及了俄国官制、议政、什一税、兵饷、度量衡、钱币和民族情况，具有很高的历史价值，在国内广泛流传，促进了中国人对俄国的了解，并被译成法、俄、德、英、日等多种文字出版，在世界舆地史上享有盛名。此书收入《四库全书》（参见阿拉腾奥其尔：《清朝图理琛使团与〈异地录〉研究》，广西师范大学出版社 2015 年版）。

3. 参与谈判签约

图理琛由于此次出使有功，办事完满，很受朝廷重视，此后又多次奉命去中俄边境办理两国交涉事宜。康熙五十七年（1718），清政府军东征准噶尔部，图理琛曾奉派出使至楚库柏兴，致书西伯利亚总督解释局势，宣传中方的意图。此后，他又参与了划分中俄中段边界的谈判。

康熙年间，沙俄大规模入侵中国，长期以来我国黑龙江流域是沙俄屡屡进犯的地区，这时他们还把觊觎的眼光瞄准了我国北部的喀尔喀蒙古地区，悍然挑起入侵的战争。当时，沙俄对喀尔喀蒙古族人先是威逼利诱，见不能奏效，然后又积极唆使准噶尔部噶尔丹叛军与沙俄军队一起对喀尔喀发动攻击。喀尔喀人抵挡沙俄军队和叛军的夹击，被迫背井离乡，举族南迁。沙俄趁机大举南侵，占领了喀尔喀蒙古族人的大片土地。后来清军以重兵平定了噶尔丹叛乱，喀尔喀蒙古人才得以重返家园，但沙俄军队不断地骚扰入侵，企图蚕食中国领土的野心不死，致使中俄中段边界一直不得安宁。

《尼布楚条约》划分了中俄东段边界，中段边界被搁置。此后，清政府曾一再要求划定中段边界，均遭拒绝，被迫于1722年4月宣布中断两国贸易。直到雍正三年（1725），彼得一世去世，其妻叶卡捷琳娜一世鉴于内政不稳，加上同瑞典、波斯（今伊朗）连年作战，无力再在中国边境挑起战事，同时担心中俄边界问题长期拖延不决，将使其对华贸易受到更大影响，不得不派遣萨瓦·拉占津斯基为特命全权大使，到北京谈判贸易和边界问题。使团共有120人，由1500人的庞大卫队护送。次年，萨瓦到达北京。

清政府组成了以兵部侍郎图理琛、吏部尚书察毕纳、理藩院尚书特古忒为首的谈判代表团，经过数十次艰苦的会谈，历时半年之久，终于达成初步协议，商定了处理边界和贸易问题的一些原则。

雍正五年（1727）五月，清朝与萨瓦的谈判改在离恰克图10多公里的布尔河畔举行，图理琛、四格、隆科多等为清朝谈判代表。后来，萨瓦却在谈判中公然以武力相威胁，作为清朝大臣的隆科多十分强势，几使谈判破裂，雍正帝就以私抄玉牒案，撤回隆科多，策凌成为了首席代表。接着又谈判了一个来月，软弱的策凌接受了俄方的划界方案：以恰克图为起点，由此向东至额尔古纳河，向西至沙毕纳伊岭（沙宾达巴哈），以北属俄罗斯，以南属中国。依据这个方案，双方签订了《中俄布连斯奇条约》。

一年后，雍正六年（1728），中俄两国代表草签了《恰克图条约》，这一草案，规定了中俄在蒙古北部边界（中段边界）及政治、经济、宗教等诸方面的相互关系。雍正七年（1729）的五月十八日，双方在恰克图正式换文，条约随即生效（参见田秋平：《茶马货币——中俄茶马古道上的潞商记忆》，《银行家》2015年第12期）。

图理琛作为中俄关系的重要人物被载入史册。后人何秋涛曾这样评论图理琛所撰《异域录》："盖我国使臣实抵俄罗斯境而撰述足以传信者，唯是编为然。"对图理琛在中俄关系史中的重要地位给予了肯定。

首位赴欧洲的官方使节——托时

托时（？—1760），佟佳氏，满洲正黄旗人，清朝大臣、外交官。历任笔帖式、理藩院主事、工部郎中、内阁侍读学士、户部右侍郎。雍正四年（1726），兼理礼部侍郎，但次年因办事失职遭罢官。雍正七年（1729），托时被再次任用，受命出使俄国，一同出使的还有副都统广西（人名）、护军参领宰三等5人及随从人员20名，同行的还有报聘土尔扈特部的使臣副都统满泰等5人及随行人员28名。中国使团在俄方欢迎的礼炮声中，从恰克图进入俄境，在俄国护送差官的陪同下，一年后到俄国冬都莫斯科。此时正赶上俄沙皇彼得二世去世，其女儿安娜·伊万诺夫娜继承皇位。托时等谨遵中国雍正皇帝的训令，所以在克里姆林宫觐见俄国女皇安娜一世时，他向女皇行的是拜亲王的一跪三叩首之礼，而不是拜天子礼。他们把带来的 18 箱礼物送给俄皇，并递上国书公函。托时出色地完成了出使任务，在回国后得到皇帝重用，先补刑部右侍郎，很快又升为左侍郎，兼理工部侍郎事务。乾隆三年（1738），托时出任漕运总督。乾隆二十五年（1760），托时去世，乾隆帝下诏将其列入《满洲名臣传》中,但不知何故《清史稿》中无传。

1. 负任出使

雍正初年，青海的和硕特蒙古罗卜藏丹津率部在青海发动叛乱，被清廷剿灭。罗卜藏丹津率领残部逃到厄鲁特蒙古准噶尔部，为准噶尔部的噶尔丹策零所收留。雍正五年（1727）冬，噶尔丹策零继承准噶尔汗位，继续其父策旺阿拉布坦衣钵，勾结沙俄，屡犯周边地区。当清廷提出罗卜藏丹津是叛乱分子，与之交涉，噶尔丹策零拒不肯交出叛党，并在俄国的支持下不断侵扰喀尔喀蒙古。雍正七年（1729），清廷决定发兵征讨噶尔丹策零，并制订了南北两路夹攻的战斗方案。

作为明清时期我国西北地区厄鲁特蒙古四个部落之一，准噶尔部能征善战，势力强大，尤其是噶尔丹为首领时，准噶尔是蒙古诸部落中势力最强盛的一部，其铁骑横扫漠西漠北，对内蒙古甚至中原都构成了极大的威胁。随着噶尔丹势力的膨胀,噶尔丹部一路进犯。在康熙朝与俄国签订《中俄尼布楚条约》前后，噶尔丹就曾在俄国的帮助下，大举进入内蒙古，打败清军，还试图割据北方，实行南北分治，意图分裂中国。康熙朝经过多年艰苦的征战，才最终平定了这次叛乱（参

雍正画像

见鹿鼎公子：《大清风云·三》，中国法制出版社 2016 年版）。

彻底解决噶尔丹叛乱、解决边界隐患问题摆上了议事日程。雍正七年（1729），雍正皇帝派大军开始向准噶尔发动进攻。为杜绝沙俄支持噶尔丹策零，并趁火打劫，侵扰边界，雍正皇帝决定派出使臣，一来要求俄罗斯保持中立，不插手干预；二来争取位于伏尔加河下游、与准噶尔部有世仇的土尔扈特部的支持。该部虽然远离祖国，但与国内的联系从未中断。清初，土尔扈特曾不断遣使入贡。康熙五十一年（1712），清政府曾派图理琛使团假道俄罗斯，慰问阿玉奇领导的土尔扈特部。中俄签订《恰克图条约》以来，满足了沙俄的贸易与领土要求，俄罗斯传教士及留学生不断进入中国，双边关系进入相对和平发展阶段。

沙皇彼得二世在 1728 年 2 月登基加冕，雍正七年（1729），清政府以此为由特派以侍郎托时、满泰为首的代表团出使俄罗斯，一来以示庆贺，二来交涉准噶尔人逃入俄罗斯等问题。

2. 不辱使命

该使团成员有侍郎托时、梅勒章京满泰、梅勒章京达布什、梅勒章京阿思海、坦斯里公格齐旺、梅勒章京固鲁札布及随从武官仆役等近50人。

雍正七年十二月二十日（1730年2月7日），使团离京出发。途中历经艰辛，历时近一年，终于抵达俄国首都彼得堡。托时使团在俄国受到隆重接待。此时，彼得二世已死，由安娜·伊凡诺夫娜女皇即位当政。

托时向俄国政府提出：《恰克图条约》签订后，两国交好，商贸往来不断。现今中国正在攻打叛乱的准噶尔部，请俄国在清朝进攻准噶尔的战争中严守中立，以保持双方的和平，并请俄方将逃入俄国境内的准噶尔人引渡给清政府。为满足俄国人的贪欲，托时还根据朝廷指示，答应以准噶尔的一部分土地给予俄国作为报酬。

托时在谈判中有理、有力、有节，在莫斯科和彼得堡受到了俄国官员的好评。

此时，安娜·伊凡诺夫娜女皇刚当政不久，国内政情复杂，局面相当不稳定。加上俄国正准备参加波兰的王位战争，无暇顾及在远东的扩张。而且俄方刚刚和中国签订了《恰克图条约》，在边界上，把侵占的我国北部蒙古地区的大片领土、贝加尔湖一带和唐努乌梁海以北的叶尼塞河上游地区都划入了俄国的版图，又使俄国取得了在北京贸易和传教的巨大权利，暂时满足了俄国在经济、政治、宗教等各方面的野心，不愿意和中国失和，恐导致影响俄国刚刚所取得的利益。

所以安娜·伊凡诺夫娜女皇对托时的建议表示欢迎，并表示愿意与清政府商谈引渡问题。

托时使团在俄罗斯彼得堡和莫斯科的外事活动中，完成了雍正皇帝关于联俄中立的外交使命，得到了俄方严守中立的承诺，于是从莫斯科取道回国。

雍正九年（1731），出使俄国的任务结束。当时，土尔扈特部阿玉奇汗已经去世，其子策凌敦多克汗即位，俄国加强了对土尔扈特部落的控制，加重了征兵、征税，对土尔扈特的剥削到了无法忍受的地步，更糟糕的是，假道俄国去往清朝之路也被俄国切断。但这并不能阻挡土尔扈特部对祖国的向往，策凌敦多克汗排除万难，多次派出使者回到祖国，向清朝皇帝上贡，并表明土尔扈特部不承认自己是俄国的臣民，表达了回归祖国的渴望。清朝政府肯定了土尔扈特部的愿望，并确认其为蒙古部族的一支。

为了回访策凌敦多克，进而慰问土尔扈特部，同时联合土尔扈特共同对付准噶尔，完成出使俄国任务的中国使团分成两路离开莫斯科，一路由托时率领回国，另一路担任回访土尔扈特的使命，由满泰带领。两路使团成员约定在托博尔斯克会合。

由满泰带领的第二路使团于雍正九年（1731）阳历2月底抵萨拉托夫，并在5月7日到达土尔扈特部落牧地附近，回访了策凌敦多克。策凌敦多克汗举办盛宴以接待祖国的使团，并表示愿意为祖国效命。

同年5月24日，满泰带领的回访使团启程返国，并于11月在托博尔斯克与托时一路会合，次年2月，使团再经恰克图顺利回国。

3. 非凡贡献

托时完成了出使任务，受到雍正皇帝的大力赞赏。

雍正九年（1731）、十年（1732），清军与准噶尔军进行了和通淖尔与额尔德尼昭两次大战。由于托时使团的积极活动，俄罗斯在这场战争中收敛了自己的

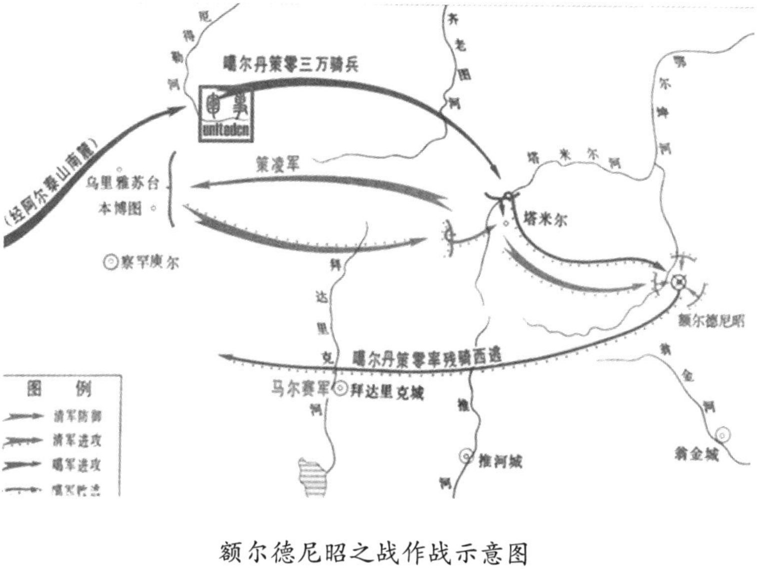

额尔德尼昭之战作战示意图

侵略野心，始终保持中立，清政府得以剿灭准噶尔部噶尔丹策零的残余部众，消除了喀尔喀蒙古的外部威胁，为维护多民族团结的统一国家做出了贡献。

托时使团出使俄罗斯，为清朝政府平定叛乱，维护国家领土完整和国家统一创造了客观条件。

托时的这次出使虽然未达到联俄抗击准噶尔部的目的，使准噶尔部的叛乱暂时得到缓解，但清政府彻底平息准噶尔部的叛乱一直延续到乾隆时期。乾隆二十年（1755）、二十二年（1757），清军两次进军伊犁，先征达瓦齐，后征阿睦尔撒纳，使达瓦齐被俘，阿睦尔撒纳兵败，病死俄国。经历康、雍、乾三帝，历时约 70 年的平准斗争才终于大功告成。

延伸阅读

清朝法制指导思想与立法概况

清代的法律制度，是在继承明代法制优秀成果基础上建立的，在具体法律制度上又有所发展与改进，具有鲜明的时代特色与民族特色。清初的立法也因入关前后的不同时期，表现为“参汉酌金”与“详译明律，参以国制”这样一个过程。但对汉族先进法制的借鉴，则是始终贯彻于其中的主线。

关于“参汉酌金”。

入关前，清统治者就十分重视法制建设，注意借鉴明法制得失。特别是皇太极统治时期，逐渐接受了汉民族法律文化的影响，形成了“参汉酌金”的立法原则。“参汉”，就是吸收明朝法制所代表的汉民族的先进法律制度；“酌金”，就是适当记录整理提炼后金原有的习惯法及旧法令。在这一原则指导下，统治集团开始将明律中所体现的封建法律意识和法制原则吸收到有关的法律、法令中来。

关于“详译明律，参以国制”。

清军入关后，原有的法律制度已不能适应新的统治需要。摄政王多尔衮先是肯定了明律的法律效力。其后，又明确将“详译明律，参酌时宜”作为立法指导思想。顺治二年（1645），清世祖又要求修律官统一纂修大清律，律成后，顺治在御制序文中称：“爰敕法司官广集廷议，详译明律，参以国制，增损剂量，期于平允。”“详译明律，参以国制”所强调的是立法时既以明律为蓝本，吸收汉族先进的统治经验，汲取有效的内容和制度，又保留满族的民族利益、传统和风俗习惯。这是清初因时制宜的立法指导思想。

清代在入关之前，并未形成系统的法制，直至入关之后，基于统治全国的需要，方才开始大规模创制法律的工作，其法律形式沿袭明代，以律、例和会典为主，并颁行有数目颇多的单行法规。整个法律体系的创制，历时 100 余年，自顺治时期初创，至乾隆年间臻于完备。

1．《大清律集解附例》

这是清入关后正式颁布并通行全国的第一部成文法典，顺治三年（1646）制成，并于次年正式颁行全国，史称“顺治三年律”。它直接仿制《大明律集解附例》，甚至连“允依《大诰》减等”的规定都照抄不误，由于该律因袭明律过多，与清初的社会现实完全脱节，所以并没得到彻底贯彻执行，但是它对清初法制的统一起到了积极作用。

雍正即位后，于雍正五年（1727）颁行《大清律集解》，在律文中间增加了小注，使律文的含义更加清晰、准确。至此，清朝律文基本固定，除了乾隆五年小有改动，以后各朝均沿用。

2．《大清律例》

乾隆即位后，重修大清律，于乾隆五年（1740）完成，定名《大清律例》。《大清律例》的律文与雍正五年律大体相同。至此，中国历史上最后一部综合性封建法典《大清律例》最终定型。

3．条例

康熙年间，制定了《刑部现行则例》《钦定吏部则例》《钦定户部则例》等条例，这些条例是清代统治者和有关部门创制的条例，与《大清律集解附例》中附例大多沿袭明例的情况不同。雍正时期条例的数量进一步增加，成为律文的重要补充。乾隆以后，律文被确定为子孙世守之法，不再修改。律文所不载的新问题只有通过随时修例来解决。“例”是一种较为灵活的法律形式，更能适应社会生活的发展变化，因而受到高度重视。但总体来讲，律以其稳定性和概括性，在法律体系中居于核心地位，是各种法律渊源的基础；例以其灵活性和适应性，以补律文之不足。

4．《大清会典》

《大清会典》为清代行政立法之总汇，始编于康熙二十三年（1684），续编于雍正、乾隆、嘉庆、光绪等朝，最终完成于光绪二十五年（1899），历时 200 余年，故又称“五朝会典”。康熙二十三年（1684），为规范行政活动，提高行政效能，圣祖下诏仿《明会典》体例编纂清会典，历时 6 年而成，史称《康熙会典》。

经过康熙、雍正、乾隆、嘉庆与光绪五朝，历时

200余年编纂而成的《大清会典》，依循“以官举职，以职举政”的思路，详细记载了清代自开国以来至光绪朝，各级行政机构的职掌、事例、活动原则与有关制度，其内容远比《唐六典》《明会典》详备，具有国家法律汇编的性质，以至于被时人视为“当代宪章，于律令相表里”（清·赵吉士:《万青阁自订文集》卷一）。《大清会典》不仅是清代的行政法规大全，为研究清代行政立法的宝贵资料，也是集历代封建王朝行政立法之大成者，成为我国封建时代最为完备的行政法典。

5. 少数民族立法

清朝是我国封建时代疆土辽阔、民族众多的朝代。为了巩固统一的多民族国家，清廷有针对性地制定了与当地经济文化水平和风俗习惯相适应的单行法规，如《蒙古律例》《回疆则例》《钦定西藏章程》等。其中《蒙古律例》演变为理藩院的指导性法规《理藩院则例》，是蒙古等北方少数民族的基本法。对西藏地区的民族立法，有乾隆五十八年（1793）制定的《钦定西藏章程》，确立了西藏政教合一的政治体制。道光二十二年（1842），在《理藩院则例》中增加了《西藏通制》，以法律的形式规范了驻藏大臣的设置和权限、西藏地区的职官、军事、财政和喇嘛管理等制度。对青海地区的民族立法，有雍正二年（1724）颁行的

《青海善后事宜十三条》，雍正三年（1725）朝廷在青海地区设置了“西宁办事大臣”。随后编成《番例》，又称《西宁青海番夷成例》，一直沿用到民国初年。回疆地区的民族立法，主要是嘉庆十六年（1811），理藩院制定的《回疆则例》，对新疆地区的行政管理机制、宗教事务和刑事案件的管辖等问题做了明确的规定。对西南地区的苗、瑶、彝等少数民族的立法，主要是由中央政府承认并赋予其习惯法以法律效力，此外，还有《大清律例》中有关苗疆事务的条例，这就是苗疆地区的法律。对台湾的民族立法，清代也非常重视。乾隆二年（1737）颁布了《台湾善后事宜》。此外，《大清律》中有多条关于台湾地区番蛮犯罪案件的规定。

清代的民族立法是其法制建设的一大成就。民族立法贯彻了因地制宜、缘俗为治的原则，既照顾了各少数民族的风俗习惯，又注重体现中央政府对少数民族聚居区的统辖权，对巩固统一的多民族国家具有积极的作用。

始尚西学的清代名臣——李光地

李光地（1642—1718），字晋卿，号厚庵，别号榕村，福建泉州安溪湖头人，清朝著名清官、理学家，深受康熙信任，被尊称“安溪先生”“安溪李相国”。

李光地在康熙朝官运亨通，历任翰林院庶吉士、乡试同考官、经筵讲官、方略馆总裁、通政司通政使、兵部侍郎、直隶巡抚、吏部尚书、文渊阁大学士、一统志馆总裁等职务，是康熙年间一位才干超群、思想开放、功勋卓著，而且声名远播的能臣，为我国多民族国家的统一和发展做出了杰出贡献。康熙五十七年（1718），因被朝廷权臣索额图利用，被以结党擅权之罪名遭朝廷贬逐，郁郁而终，时年 77 岁。

1. 政治功绩

李光地出身布衣，于康熙九年（1670）中进士，进翰林，很快官至文渊阁大学士兼吏部尚书。他为官期间，政绩显著，贡献巨大，康熙帝曾三次授予御匾，表彰其功。他曾向康熙帝推荐施琅，使台湾得以顺利收复。李光地学识渊博，康熙曾多次给予他崇高的礼遇。

李光地被统治者高度赞誉，列为理学名臣，荣宠有加，显赫一世，虽然一些史书对他的人品和名节等存有争议，但从李光地的个人政绩以及他对西方文化的吸收借鉴和发扬光大上讲，李光地一生依然堪称典范，值得后人去学习与研究。

李光地

“三藩之乱”期

间，李光地曾向康熙帝进蜡丸密疏，献破敌之计。但是密疏上的破敌之策也是李光地等众人筹谋的成果。当时，和李光地同在清廷为官的陈梦雷因家居福州，被耿精忠逼迫到清朝廷做官，他虽多次拒绝但苦于无计脱身。陈梦雷和李光地本是好友，于是两人多次在一起密谋破敌之策。陈梦雷表示，一旦清军讨伐耿精忠，他愿意作为内应，报效清朝。二人还约定，日后若其中一人显赫，不能忘记另一人的功劳；如果谁不幸身死，后死者应该将死者的功劳记录下来。李光地于康熙十四年（1675）五月所上的蜡丸密疏，正是他们两人多次密谋的具体内容。

后来，李光地因献蜡丸密疏破敌有功而官拜侍读学士，得到康熙帝赞赏。可是他根本就不提与陈梦雷的约定，贪两人之功为一人所有，隐瞒了蜡丸密疏正是他和陈梦雷两人的密谋之功。后来陈梦雷因“从逆”罪被判死刑，他唯恐自己丑行败露，不施援手。后来陈梦雷得友人搭救，免于一死，陈梦雷对李光地的卖友行为提出责问，使李光地羞愧不已。

清朝初年，汉族人对异族统治还比较排斥，所以对李光地效忠清室的行为，时人多有讥讽，这也是可以理解的。从个人气节上看，我们不敢说李光地没有缺点；不过从他的政绩上看，无论是在平定三藩叛乱，还是后来在收复台湾保举施琅一事上，是有很多值得称道的地方的。

郑袭是郑成功的弟弟，当郑成功去世后，便谋划着夺取其在台湾的王位。郑成功之子郑经于是率兵与郑袭大动干戈。最后，郑袭战败，郑经仍旧割据台湾自立，一直偏安为王。康熙正想趁机收复台湾。

施琅原是郑成功的部下，很擅长打海战，后来投靠了清政府。但是清政府并不器重他，只是派他去京城当了个无兵无权的闲官。郑成功在台湾去世后，其子郑经做王，郑经去世后，郑经十几岁的儿子郑克代替他，成为台湾的统治者，由刘国轩掌握军权。当时，台湾的内外形势都十分危险。在内部，郑成功、郑经的一些部下争权夺利、钩心斗角；在外部，荷兰人时刻准备着卷土重来。

此时，李光地向康熙进谏，现在是收复台湾的最好时机。当时康熙已经平定三藩，实权在握，稳稳坐住了江山，天下一片太平。

随后，李光地建议用武力收复台湾，认为现在是最好的时机。因为那时台湾兵力已经很弱,内部不团结，再加上李光地对台湾及台湾海峡、澎湖、鹿耳门这些险要地带比较了解，熟悉作战形势。康熙皇帝最后也采纳了李光地的意见。

李光地大力举荐施琅领兵收复台湾。他列举了三条理由：

一是施琅收复台湾的决心坚定。施琅的父亲和兄长是被郑成功所杀，存在私仇，而且是他最早提出武力解决台湾问题；二是施琅原属于郑成功部下，对海上和海军的情况十分熟悉；三是施琅擅长海战，在郑成功手下曾多次立功，并不负众望，成功地收复了台湾。

李光地所说 3 点理由，康熙帝也心知肚明，他心里清楚，当今也只有施琅最适合，但仍有些迟疑。

朝廷上反对的人众说纷纭。说施琅原是郑成功的手下，和郑军关系密切，又与现时台湾掌军权的刘国轩称兄道弟，将军权交给施琅大为不妥。这也正是康熙帝所担心的，借大臣之口说出来，康熙帝便有理由提出改换他人收复台湾，但一时又找不到合适的人选。

收复台湾迫在眉睫，为了国家利益，李光地冒死再次向康熙帝举荐施琅，甘愿以自己的性命作保，表示“施琅若不取胜，微臣亦愿同罪”。李光地再三为施琅担保，谨小慎微的康熙帝还是不敢贸然答应。

为了争取时间，李光地当着满朝文武百官的面，用李氏全族做担保，表明其决心。此时，文武百官没有人出来反对了，皇帝也深受感动，最终采纳李光地的建议，答应派施琅领兵收复台湾，完成了统一祖国的大业。

此外，李光地为官期间勤于治理河务，兴修水利，造福百姓。

康熙三十七年（1698），李光地受命担任直隶巡抚。那时，漳河与滹沱河交汇之处易泛滥成灾，京城时常遭受其害。于是，皇帝命李光地治理水灾，疏通漳河故道，将河水引入运河，以此遏制滹沱河的水势。

李光地上疏称道："漳河现在分为三支：一支从广平经过魏、元城，到山东馆陶入卫水而归入运河；一支是老漳河，从山东丘县经过南宫等县，与完固口合流，到了鲍家嘴又归入运河；一支是小漳河，从丘县经过广宗、钜鹿而与滏河合流，又经过束鹿、冀州与滹沱河合流。从衡水出献县完固口后又分为两支：小支与老漳河合流而归入运河，大支经过河间、大城、静海进入子牙河后流人浅湖。现在归入卫水的漳河与老漳河水流浅且水流弱，应当进行疏浚；在完固口的小支流应当修筑堤坝，将水逼入河中，又在静海阎、留两个村庄处挖深河床筑堤，束住河水，使其流入湖中而不能泛滥。"（《清史稿》卷二六二）

皇帝接受了这些建议。不久，李光地再次上奏皇帝，因为疏浚新河，占用了老百姓的田地139顷，请求免去百姓赋额，也得到批准。通州等6州县按规定设置红剥船600艘，转运南来的漕粮，每艘船给供养田若干，遇到水旱灾荒按例也不能免除租赋，李光地又上奏请依照民田的制度一概予以免除。

康熙三十九年（1700），康熙皇帝到子牙河视察治河工程，命李光地在献县东西两岸修筑长堤，长100余千米。又在静海的广福楼、焦家口开辟新河道，引水入湖，从此下流再也不会发生水灾了。

李光地因治河有功被提升为吏部尚书，仍然掌管巡抚事务。

李光地一生尽心辅佐君主，清廉、谨慎，始终忠心为国，造福万千百姓。李光地为政廉勤，义设常平仓，荒年赈济饥民，减免赋税，废除自秦以来的“十家连坐法”和“凌迟”“灭族”等酷刑，拯救了因《南山集》案被株连入狱的文学家方苞。李光地的政治生涯几乎全在康熙帝在位时期。李光地病逝之际，康熙甚为哀痛，谕朝臣曰：“知之（李光地）最真无有如朕者；知朕亦无有过于光地者。”“三赐御匾”，便是对李光地光辉一生最高的奖赏。其死后被谥“文贞”，加赠太子太傅，并列清初一氏名宦，诚非过誉（参见李光地：《周易折中》）。

2. 对西方文化产生兴趣

西方文化的冲撞与中西文化的融合是考验民族文化生命力的重要方面。清代前期，西学东渐对中国本土文化形成了强有力冲击和挑战。总的来说，清朝前期的文人学者对西学的态度大体有三种：一是对西法、西教全盘否定；二是排西教取西法；三是改变信仰，信奉西教的一部分。李光地就属于第二种。李光地研究西学，一方面是为了顺应当时朝中人士对西学的好奇心理，也适应了当时国内一些先进人士对西学的学习和借鉴的时代需要。

说到清代西方文化，我们不得不提到一个人——南怀仁。南怀仁，字敦伯，又字勋卿，比利时人，1658年来华，是清初最有影响的来华传教士之一，为近代西方科学知识在中国的传播做出了重要贡献。他是康熙皇帝的科学启蒙老师，精通天文历法、擅长铸炮，是当时国家天文台（钦天监）业务上的最高负责人。

李光地与南怀仁曾对中西两种天文宇宙观的差异有过争论，南怀仁反对中国的“天圆地方”说，他和其他西教士传播的地圆说、九重天说等宇宙理论也是属于天文科学范畴的，而李光地坚持的传统“天圆地方”论，“圆”与“方”都不是指天体的形状，而分别指不停的运行变化过程与静止不变的意义，这已不是一种科学意义上的天文学理论，而是属于一种社会天文学的哲学思辨。

事实上李光地在康熙二十八年（1689）前，对中西天文历学所知极浅，甚至某些基本常识都还缺乏，只有“动静方圆”之类的社会天文学观念。而他开始对中西天文历学的真正钻研，竟是受了一次突发事件

比利时传教士南怀仁

的激发，此事的因缘与结局，颇能使我们体会李光地好尚西学的个中缘由。这一事件便是李光地扈从康熙南巡期间，发生在南京观星台上的一场君臣问对。其确切时间为康熙二十八年二月二十七日，其问答的内容摘述如下（中国历史第一档案馆整理:《康熙起居注》第3册，中华书局1984年版）：

（是日）酉刻，上幸观星台，召部院诸臣前，上问:“汉臣中有晓知天文者否？”（时群臣）皆奏曰：“臣等未尝通晓。”上又问掌院学士李光地：“尔所识星宿几何？”光地奏曰：“二十八宿臣尚不能尽识。”上因令指其所知者。

又问：“古历觜、参，今为参、觜，其理云何？”光地奏曰：“此理臣殊未能晓。”上曰：“此殆距星或有谬误。以观星台仪器测之，参宿在天中，确在觜宿之先。观于此，足知今历不谬矣。”

又问：“《尧典》中星今移几度？”光地奏曰：“据先儒言，已差五十余度。”

上又问：“恒星(天)动否？”光地奏曰：“臣不能知。惟新历言恒星天亦动，但其动也微耳。”上曰：“郭守敬仪器不可行于今，由不知恒星天动故也。”

上又问：“历家言五星如联珠，可信乎？”光地奏曰：“五星有经纬度，联珠之说似乎荒唐。”上笑曰：“自来史志历法多不可信，质之以理，类空言无实。”……

上又历指三垣星座问光地，不能尽举其名……

上又披小星图，案方位，指南方近地大星，谕诸臣曰：“此老人星也。”光地奏曰：“据史传谓，老人星见，天下仁寿之征。”上曰：“以北极度推之，江宁合见是星。此岂有隐现耶？”

从问答涉及的中西天文历学知识而言，康熙帝对中国传统天文历学中流行的一些附会性说法提出了质疑与批评，而且对西洋历法知识显得相当内行，并明确表示赞成西法对中历的改变，如对传教士变更觜、参二宿先后次序（即被杨光先指摘为西法“十谬”之一）的肯定。然而，令康熙帝大为不满的是，李光地等人对他提问的中西天文知识，或茫然不知，或一知半解，甚至以民间星占术数之说搪塞。

李光地对西学产生兴趣与康熙帝有很大关系。康熙帝一直以来对于自然科学和外来科学都持有比较积极的态度，他采取“中体西用”的政策。虽然康熙对西学的兴趣很浓，但是因为时代性和阶级性有一定的局限性，范围仅涉及内廷及皇帝身边少数人，未能推广流行，形成一种社会风气和潮流。

经过那次交谈后，李光地反思其痛，一改过去为学的态度，在学问旨趣上显示出了对西学的兴趣。

3. 结交梅文鼎

说到李光地学习西学，不能不提到他的领路人梅文鼎。

梅文鼎（1633—1721），清初著名天文家、数学家，是清代历算学的开山鼻祖。

梅文鼎一生博览群书，博学多才，曾撰写了 80 多种书籍。他从小受到家庭良好的熏陶，后来又跟从天文历算方面的老师学习知识，不仅能懂其历理，且能融会贯通。西学的传入对梅文鼎的思想产生了巨大的影响。

复兴中国传统的天文和算学知识是他一生都在努力做的事，而且还积极推进中西方天文学的融合。梅文鼎致力于天象观测，有很多天文仪器都出自他之手，这些天文仪器兼具中西方特色，对当时和后世学习天文学有很大作用。数学方面的成就才是梅文鼎最突出的贡献，他一生所写的关于数学的著作达 20 多种，这些数学著作推动了清朝数学的发展。

在其著作中，梅文鼎提到许多传统天文学方法，还介绍了第谷式的西方天文学，如《交食》《七政》《五星管见》等书都有介绍。梅文鼎在《历学疑问》中论述了中西方的异同，并将许多西方天文知识纳入中国古代学术体系中（参见李迪：《梅文鼎评传》，南京大学出版社 2008 年版）。

在那次的君臣答对之后的一段时间里，经历仕途曲折的李光地，急于求习与钻研天文历算之学。但是，学习历算科学对于年近半百（至康熙三十年，即 1683 年时已满 50 岁）的李光地来说并非易事。李光地曾自记曰：“某天资极钝。向曾学筹算于潘次耕（潘耒），渠性急，某不懂，渠拂衣骂云：‘此一饭时可了者，奈何如此糊涂！’其言语又啁啾不分明，卒不成而罢。”（李

光地 :《榕树语录续编》卷十九）正当李光地一筹莫展之际，仅仅在降职 5 个月之后，他幸遇了进京参修《明史・历志》的历算大家梅文鼎，“公（指光地）往叩所学，遂与订交”。梅氏也曾自述“己巳年（康熙二十八年）入都，获侍诲于安溪先生”。而据梅氏之孙梅瑴成的记载，犹可洞悉李光地结交梅文鼎的迫切心情，“先徵君（指梅文鼎）于康熙己巳岁至都门，主家侍御桐崖先生，公（指光地）闻而先之，且设馆焉”，此情此景，足以表证李光地求习历算之学的良苦用心。不久，当他得知梅文鼎正在着手编著一部卷帙浩繁的《古今历法通考》，便立即提出建议 :“历法至本朝大备矣。经生家犹苦望洋者，无快论以发其意也。宜略仿元赵友钦革象新书体例，作为简要之书，俾人人得其门户，则从事者多，此学庶将益显。”（梅文鼎 :《勿庵历算书目》）李光地请梅文鼎作历算之学的“简要之书”，这就是数年后名震学界的《历学疑问》，即是梅文鼎依李光地所请而作的历学通俗读本。

梅文鼎雕像

李、梅相交，可谓正逢其时，如李光地自述，其所学历算知识“今得梅先生，和缓善诱，方得明白”。仅二三年之后，李光地钻研历算之学竟是名声在外。

李光地在康熙三十三年至三十七年（1694—1698）提督顺天学政（或说直隶学政），以及在康熙三十八年至四十四年（1699—1705）担任直隶巡抚期间，积极提倡学习历算之学，有两件事情特别引人注目：其一，李光地再度聘请梅文鼎到府署保定传授历算之学，并招揽了一批对历算科学怀有兴趣的知名学士，如魏廷珍、王兰生、王之锐、陈万策、徐用锡诸位，加上其子李钟伦、梅氏之孙梅瑴成也来到保定，“公（指光地）悉令受业于先徵君”，遂使保定成为当时的算学学习中心。有学者指出“这批学习算学的人才,后来参加了《律学渊源》的编撰，迎合了康熙的需要”。其二，为梅文鼎刊刻了多种历算著作，如《弧三角举要》《环中黍尺》《堑堵测量》等，上述5位学士及李钟伦、梅瑴成均参与了校订工作（参见梅文鼎：《勿庵历算书目》）。其中，1699年刻于上谷（今河北易县）的《历学疑问》，无疑是李光地在此期间所刊的梅氏著作中影响最大的一部。

正是梅文鼎的《历学疑问》，为李光地学习历算提供了一次良机。1702年康熙南巡驻跸德州，旨令扈从南巡的李光地取所刻书籍进览。李光地当时的回答是：“匆遽未曾携带，且多系经书制举时文，应塾校之需，不足尘览。”（梅文鼎：《历算全书》）于是将他刊刻的梅文鼎《历学疑问》3卷呈上。然而个中原委，很值得思考。康熙对李光地进呈梅氏《历学疑问》一书很感兴趣，当即表示："朕留心历算多年，此事朕能决其是非，将书留览再发。”二日后（原文“日”误为“月”）康熙又召见李光地说："昨所呈书甚细心，且议论亦公平，此人用力深矣，朕带回宫中仔细看阅。”(《清史稿·梅文鼎列传》）直到一年后才发回原书，李光地发现书上御览批点甚细，可知康熙确曾用心研读过《历学疑问》一书。

李光地进呈梅氏《历学疑问》的特殊意义在于，让康熙帝感受到了他治学宗尚的转变。可以说，此事增进了李光地与康熙帝在学习科学知识方面的君臣之谊。就在同一年（1703），康熙亲赐《几何原本》与《算法原本》两本历算书籍给李光地。然而，年过五十的李光地“虽经指受大意，未能尽通，乃延梅定九至署，于公暇讨论其说”。可知，身为直隶巡抚的李光地，为求习历算之学以迎合康熙对西方科学的好尚，乃是他再度聘请梅文鼎为师的主要动因。

又是在1703年，康熙曾再次召对李光地。“与以往多次君臣问对不同的是，此次李光地的回答已明显带有内行的口气，从而终于赢得了康熙的首肯。

从此以后，康熙与李光地的君臣之谊与日俱增，据载“圣祖尝诏群臣：‘知光地者，莫若朕；知朕者，亦莫若光地。’”（转引白寿彝:《中国通史》第十卷）然而，可以毫不夸张地指出，李光地卓有成效地迎奉康熙对西方科学的好尚，乃是其晚年仕途发达的重要因素。

经康熙帝的激励与梅文鼎的指授，李光地对西方天文历算科学的理解与认识大有长进。如他所著的《算法》一文，即集中体现了他对《几何原本》和西方数学的见解。李光地在该文中，不仅比较了中西数学的差异，充分肯定了以《几何原本》为代表的西方数学之精密，并且对西方数学的应用前景，有相当明智的识见。

之后，梅文鼎的历算之学，成为李光地西学志趣关注的焦点。难怪李光地把梅氏历算之学置于明末清初各家之首：“梅先生定九历算之学，超越前代……近年徐文定公及薛仪甫、王寅旭诸贤，始深其道，然于中土源流反有忽遗。惟先生能会其全而折其中，故其学大以精，而其言公以当。”他甚至不惜以奉承、吹捧之词评说梅学，称“梅定九之历算，皆穷极精奥，又确当不易，虽圣人复起，弗能易者”“从来历学，须以梅定九为第一”（李光地：《榕村全书》，福建人民出版社 2013 年版）。可以说，梅氏之学左右了李光地的西学志趣。

晚年的李光地更加关注梅氏学说，尤其是对梅氏鼓吹的“西学中源”说可谓推崇备至，因而予以竭力阐扬。如曰:“梅定九讲算法，存古《九章》。渠言西学，总不出吾中国学内，只是中国失传。”

李光地在他所撰的《西历》《历法》等文章中，详细举证了西方天文历学与中国传统天文学的许多暗合之处,进而推导出西学为中国古已有之的结论。如在《西历》一文中，李光地即称西方地圆说，“其说与《周髀》合”；九重天说源于《楚辞·天问》所云“天有九重，孰营度之”；而宗动天说，“其说则历代岁差之说是也”。而在《历法》一文中,再论西洋历法源于《周髀》之说:

> 新历以地为圆体，南北东西随处转移。故南北则望，极有高下，东西则见日有早暮。望极有高下，而节气之寒暑因之矣；见日有早暮，而节气之先后因之矣。推之四海以外，四方上下，可以按度而得其算，揆象而周其变，其说与《周髀》合。

必须指出的是，李光地阐述的“西学中源”说，从立论到举证几乎都是循着梅文鼎的思路，尤其是完全采纳了梅文鼎将西洋历算之学推原于《周髀算经》的论点。试将李、梅之论做一对比，我们可以发现，李、梅所论如出一辙。但我们不能因此否认李光地对西学、对科学的热忱，他的接近科学的、开放的眼光，体现了社会的发展和进步。

4. 成立保定算学中心

李光地的另一贡献就是成立了保定算学中心。约康熙三十年（1691）前后，李光地身边就已经有几个学习算学的学生，据方苞回忆：

“康熙辛未（1691），余再至京师时，诸公方以收招后学为名，天下士负时誉者，皆聚于京师。而君(按：指梅文鼎)与四明万季野亦至。……而君所抱历算之说，好者甚希，惟安溪李文贞，及其徒三数人从问焉。”

此“三数人”中其中一人大概是指跟随李光地的门生徐用锡，他跟从李光地23年，用心记录李光地的一言一行，并著成《榕村语录》一书。

从康熙二十八年（1689）底至康熙三十年（1691），法国耶稣会士白晋、张诚及比利时耶稣会士安多和葡萄牙耶稣会士徐日升，开始将西方几何和代数知识介绍给康熙。耳濡目染后，大清的朝堂上就多了关于天文历算的问题的君臣交谈。法国耶稣会士到北京时，清朝局势已经十分稳定，康熙已平定三藩，百姓安居乐业，天下太平，正值康熙学习西学的好时机。康熙三十一年（1692）正月，康熙来到乾清门，和大学士九卿谈论性理、音律、算法、河道、测量圭表等问题，提到“《律吕新书》所言算数，专用径一围三之法”。由此可见，康熙十分重视算学，朝中大臣为迎合康熙，纷纷建议编撰历算类书籍（李春光：《清代名人轶事辑览（三）》）。

虽然得到众位大臣的大力支持，但是尚未有可用之人才，所以康熙编纂历算书籍的想法暂时搁置。毛际可在《梅先生传》中感叹道：“天子欲讲明方圆围径，刘徽古率与西法之得失，有应召往者，而先生襆被出都久矣。”在当时，李光地已经注意到历算对“治道”、选拔和培养人才的重要性，李光地言“如今人才不生，予做学院至今，留心人才，虽童子有知觉者，皆着心而求，成一人物者甚少，有文翁为之教，须得相如为之师。”

除了梅文鼎，李光地还四处搜罗了其他历算学爱好者，形成一个研究历算学的集体。他们精通理学，对数学、天文等学科也颇有造诣，如魏廷珍、王兰生、王之锐、陈万策、徐用锡，等等。到保定向梅文鼎问教历算的还有李光地的儿子李钟伦和梅文鼎的孙子梅瑴成。徐用锡在梅文鼎在京时就喜欢向其请教问题，后来跟着李光地到保定，再次向其请学问教。众多学子向梅文鼎学习，梅文鼎心里是万分高兴的，他曾作诗写道：“问辨集群彦，欢然洽主宾。”

李光地造就的这批算学人才没有辜负期望，在《律历渊源》的编撰中发挥了才能。梅文鼎著作也在保定刊刻，共8种，分别为《历学骈枝》《勿庵笔算》《交食蒙求订补》《交食蒙求附说》《三角法举要》《堑堵测量》《弧三角举要》《环中黍尺》，前2种由金铁山所刻,后6种由李光地所刻。李光地培养了不少历算人才，为清初科学活动奠定了良好的基础。

汉族民间学者、部分西化的满贵与康熙帝对西学的态度是有差别的，而李光地在这三者之中起到了调和、折中的作用。康熙是有天文历算知识的，通过李光地的推荐，康熙阅读了梅文鼎的《天学疑问》，后来又招引梅文鼎长谈。交谈之后，康熙认定中国是有精通西方天文历算之法之人的。让康熙态度改观，李光地在其中是起了作用的。

在清初的历算活动中，李光地仍然不可或缺。李光地对天文历算活动的组织尽心尽力，还领导众人一起纂修了御制《周易折中》《性理精义》等书。他这些在天文历算方面的活动，是其政治生命中浓墨重彩的一笔，也在客观上促进了清初学术的繁荣。

李光地两度聘请梅文鼎，经过十多年的辛苦经营，完成了学术宗尚向朱子学的根本转变。李光地对朱子和历算的爱好相辅相成，同时由于他在朱子和历算方面的成绩，再次获得了康熙帝的信任，从而荣登文渊阁大学士之位。梅文鼎因李光地之引见，至少在某种程度上改善了康熙对汉人历算水平的看法，也为李光地乃至当时的一批汉人知识分子赢得颜面，这无疑对改善君臣关系大有裨益（参见许苏民著：《大家精要·李光地》，云南教育出版社 2009 年版）。

延伸阅读

康熙帝与西学风尚

康熙帝是自清入关以来的第二位皇帝，也是中国古代历史上政绩出色的皇帝之一，康熙的一生贯穿着“西学”这两个字，康熙皇帝是古代帝王中唯一一位认真学习过西学的皇帝。

康熙皇帝曾多次以西洋历算知识与群臣问对，1687 年他与李光地召对乾清宫，曾问及西洋历法、西洋乐理和《几何原本》。

1692 年康熙与群臣讨论历算，熊赐履、张玉书、张英等大学士俱不能答，他大为不满，竟至公开诘难：“你们汉人全然不晓得算法。惟江南有个姓梅的他知道些。”而康熙帝对梅文鼎（梅文鼎，1633 — 1721，字定九，号勿庵，安徽宣城人。清初著名天文学家、数学家、历算学家。明末清初西方科学知识的传入，对梅文鼎产生了巨大影响）兼通中西历算之学大加赞赏，且特书“绩学参微”四字表彰。

康熙帝热衷西学的直接意义，不仅在于使西学沾上某种“帝王之学”的光环，而且对文人学士具有明显的导向作用，即所谓“上有所好，下必甚矣”（《礼记·缁衣》）的效应。对于这种效应，李光地心领神会，作了最好的注解：“固我皇上膺历在躬，妙极道数，故草野之下亦笃生异士，见知而与闻之。”

面对西学东渐这股强有力的异质文化冲击波，相当一部分清初士人的学术视野被吸引过去了。随着清初士人与西学多渠道的广泛接触，“西学”或“天学”这门自晚明兴起的新异之学，在清初几成时髦之学。流风所及，上至名公巨卿，如龚鼎孳、魏裔介、李光地等；下及布衣学者，如王锡阐、薛凤祚、梅文鼎等。既有站在时代前列的启蒙学者顾炎武、王夫之、黄宗羲，也有立足于儒家学统的理学名士陆世仪、陆陇其等。尽管他们对西学的认知有较大的差异，然而西学成为清初士人谈论与研讨的一个重要对象，已是不争的事实。如一位清初学者所描述：“近有西洋学，与中国所谈加巧密，虽小异而未偿不大同，世以郯子比之，闽浙传其学者甚多。”（揭暄：《璇玑遗述》）

而当他们关注西方实学的目光与当朝统治者的西

学趣尚，因缘际会于同一时空，清初士林汇聚一股西学流风，自然不足为怪。

清初风靡一时的西学风尚，最突出的表现在于兴起了一股比较与研究中西天文历学之风，它几乎遍及整个学界。受西方科学传入的刺激，天文历学即已成为明末实学派倡导经世致用的专门之学，即如方中通所言“自太西氏人而天学（按：指天文历学）为专门”，而崇祯朝由西法改历激发的中西历法之争，更使天文历学在中国学术界的地位日益为人瞩目。承明末之势，清初学者往往兼治历算，而治历者又必谈西学。正如梁启超所概述:“自《崇祯历书》刊行后，治历学者骤盛。若黄梨洲及其弟晦木；若毛西河，若阎百诗，皆有撰述”，而“其间专以历算名家者”则有薛凤祚、揭暄、方中通、杜知耕（1681年著《数学钥》，1700年著《几何论约》）等学者。

清代贡使的觐见礼仪

在清代，外国贡使觐见皇帝大约有以下几种规定。

一、随班觐见

遇大朝（三大节）和常朝（每月逢五日）时，贡使随班觐见，“如值大朝、常朝，序班引贡使等列西班末，听赞行礼如仪”（《清史稿》卷九十一）。

在清朝，每逢皇帝登极、大婚，每年元旦、冬至、万寿节（皇帝的生日）等都要在太和殿举行朝贺典礼。文武百官按级别在太和殿内外行礼。每月逢五的常朝，文武百官同样在太和殿行礼。贡使在京，如恭遇万寿节、元旦、冬至三大节，应与中国朝臣一同上殿朝贺。如果赶上常朝时期，也允许贡使前往太和殿入班行礼。

外国贡使的随班觐见，安排在国内百官朝贺完毕之后。礼部事先派人把贡使接引至贞度门等候，一俟王公百官朝贺完毕，序班随即引领贡使及其从官身着该国朝服，前往太和广场丹墀西班末站立，“外国陪臣立位随西班末，拜位亦如之”。此时丹陛乐作，奏治平之章，其辞曰：“我清世德，作求若天行。天尽所覆畀我清，万方悦喜来享庭。曰予一人，业业兢兢。”（《清史稿》卷九十七）按照鸣赞的口令，贡使音乐声中行三跪九叩礼。礼毕，皇帝赐坐、赐茶。

二、便殿召见

不遇大朝和常朝时，由礼部奏请在便殿召见贡使。便殿召见贡使的礼仪分为一般礼仪和优礼两种。如果为寻常身份贡使，大多以一般礼仪召见。朝鲜、琉球、安南来华贡使身份有“称君者”或者是国王兄弟、世子，都以优礼召见。

三、贡使道旁观瞻

贡使至京后，如果恭遇圣驾至圆明园或前往南苑等处，则命令贡使在道旁瞻觐，“恭遇皇帝出入，带使臣瞻仰天颜，并迎送圣驾”。这些瞻觐天颜的地方包括午门、西华门、东华门和神武门等紫禁城四门以及其他皇帝出入的地方。

关于道旁观瞻的例子非常多。仅以缅甸使者为例：乾隆五十五年（1790），缅甸国大头目便居也控等3人，在西苑门外瞻觐；嘉庆十六年（1811），缅甸国使臣孟斡在神武门外瞻觐；道光三年（1823），缅甸国使臣聂缪蟒腊等5人在神武门外瞻觐；道光十三年（1833），缅甸国使臣每麻牙在午门外瞻觐；光绪元年（1875），缅甸国纳贡使臣直也驮纪们腊们甸沮阿素在神武门瞻觐；光绪元年（1875），朝鲜正、副使，缅甸国正、副使跪迎圣驾，在东岳庙外瞻觐（参见《清光绪实录》卷十七）。

促解海禁的诗人外交家——黄遵宪

黄遵宪（1848—1905），出生于广东嘉应州（今梅州市），客家人，字公度，别号人境庐主人。清末爱国诗人，外交家、政治家、教育家。他出身于屡代经营典当的大商人家庭，其父黄鸿藻，曾为官咸丰朝户部主事、广西知府。1876年，黄遵宪中举人，开始其从政生涯，历任师日参赞、旧金山总领事、驻英参赞、新加坡总领事、湖南按察使等职。黄遵宪擅长作诗，并喜欢以新事物入诗，他对诗歌进行了改良，领导了晚清“诗界革命”，被称为“诗界革新导师”。其作品有《人境庐诗草》《日本国志》《日本杂事诗》等，被誉为“近代中国走向世界第一人”。

清代诗人外交家黄遵宪

1. 少年壮志

黄遵宪出生时正是中国经历鸦片战争，逐渐沦为半封建半殖民地社会的时期。童年的黄遵宪在其曾祖母的督导之下学习诗文。10 岁时，黄遵宪在教师“一览众山小”的命题下，出语不俗做了“天下犹为小，何论眼底山”的诗句。黄遵宪生长在动乱的年代，官僚腐败，盗匪横行，农民造反。同治四年（1865）十一月，18 岁的黄遵宪随着一家老小 30 余口逃难他乡，他的家园被太平天国余部焚毁，家境穷困，以致典物当衣来糊口。

20 岁时，黄遵宪考举失败，不得不为养家奔走，困境出好诗，黄诗颇有杜工部现实主义风格。他批判文坛复古主义的风气，提出“我手写吾口”的进步主张。

第二次鸦片战争，给中国带来了深重的灾难。黄遵宪有志为官，做出一番报效国家、名留史册的事业来。为此，他开始旅行，以此开阔自己的视野，结交自己的社会关系。同治九年（1870），他短期去英国占领下的香港，他为中国战败失地而痛心。在举国不愿“事鬼”（与外国人打交道）的当时，黄遵宪认识到外交的重要性：“非留心外交，恐难安内。”同治十三年（1874），他启程北上，去京师探亲会友。他的父亲在户部做官，薪俸不多，生活并不宽裕。在京期间，他结识了一些穷困书生和“长安纨绔”，还有中级官僚如张荫桓（张氏亦是广东南海人，是改革派官员，后出任驻美、日、秘三国公使、总理各国事务衙门大臣等职。极力主张改革维新，光绪二十六年，即1900年被极左势力杀害于新疆）等人，这对他以后的政治、外交生涯产生了很大的影响。

张荫桓在山东做地方官，黄遵宪游烟台时与他结识。光绪二年（1876），英国一个翻译官马嘉理在云南被杀害，英国迫使清朝签订《烟台条约》。黄反对杀害外国外交人员的行为，同时又对英国威逼清朝屠杀大批无辜中国人的无理处罚表示愤

清末外交家张荫桓

慨。这一事件使他坚定了从事外交的决心。9月，黄遵宪在北京参加了顺天分试，中了举人。亲友们希望他继续考进士、入翰林，进入中枢官僚候补机关。但黄遵宪毅然摆脱了科举束缚，他下定决心，在外交战场为贫弱的中国力争权利。这一年12月，清朝政府任命翰林院侍讲广东大埔人何如璋为出使日本大臣，张斯桂为副使。黄遵宪以晚辈身份请求何如璋让他随从东渡。在当时招聘优秀的外交官也并非易事。外交工作有危险，也较艰难。中国外交官背后只有一根长辫，却没有一个强大的国家做后盾，交涉是何其难啊！难得黄遵宪有这份志向，何如璋答应推荐他为参赞。

2. 出使日美

光绪三年（1877）九月，何如璋、张斯桂、黄遵宪一行30余人船泊神户。一日深夜，一位老人走进船舱，看见中国的官员立刻伏地痛哭，哭罢从怀中掏出一封密敕，原来他是琉球国王派出的密使。日本明治维新后，国力迅速增长，不到几年就开始对外扩张，第一个侵占对象就是臣属中国的琉球国，该国国王特派出密使，向清朝求救。但清朝统治下的中国本身已在遭多国列强侵略瓜分的困境中。清朝外交官无兵无权，对琉球大臣爱莫能助。两年以后，琉球被日本灭掉，改为冲绳县（中国到第二次世界大战后才不得不承认这一既成事实）。这件事给黄遵宪以极大刺激。他立志对日本经济的发展和军事的强盛做细致的研究，使中国朝野注意这个日益强大起来的近邻。

日本在中国南北朝以前数百年视中国为宗。中国隋朝以后日本国君主不再对中国皇帝称臣，而是以平等“天子”的身份相互跨海往来。唐朝时日本虚心学习中国封建文化，并促进了国内由奴隶制向封建社会的转变。此后就有很长时间不与中国进行官方往来，因为中国的皇帝视所有的邻国为藩属，日本国不满中国的外交礼规。元朝时，蒙古族统治者先后两次驱使几十万汉人士兵远征日本，均遇风暴全军覆没，日本自此信仰“神风”。中国第一次鸦片战争后，日本也遭到了西方列强的侵略，闭关锁国的日本被迫开放，德川幕府贵族退出历史舞台。日本的改革志士用生命和鲜血开创了一场维新革命。比隔海起步更早的中国洋务运动改革起步还要晚几年，但结果是，两国出现了巨大的经济差距。

黄遵宪在驻日使馆参赞任内，除协助公使何如璋处理日常外交事务外，致力收集日本的国情、历史资料和改革经验方面的信息。中日官方中断了数百年的邦交一朝恢复，日本友好人士和华侨十分欣慰，黄遵宪与日本文化界有广泛的接触。他不懂日语，但日本人认汉字，不能口头交流却可以“笔谈”，这些片言只字的“笔谈”纸片至今仍被日本人汇编成册，视为珍宝。黄以诗会友，平等待人，这对一位清朝官员来说实属不易，大清官场把虚伪的“国体”大礼看得比什么都重要，出国使节称“天使”——天子的钦差。出使英国的副使刘锡鸿咒骂正使郭嵩焘对巴西国王站立致意为“卖国”行为，更何况对“倭夷”无衔之儒。然而，黄遵宪就是通过他广泛而深入地接触日本各界，去了解日本内政外交及远东国际关系的实际情况（参见伊茂凡：《黄遵宪传》，北京时代华文书局 2016 年版）。

何如璋等首批驻日使臣于光绪五年（1879）给总理衙门和北洋大臣提交了 10 余万字的报告文件，分析日本国情，陈述中国对日本应采取的对策。关于琉球，报告中说：如琉球亡，不出数年，福建沿海必有大祸。这份重要报告的内容，多出黄遵宪之手。报告预测日本下一个侵略目标是中国的属国朝鲜，建议中国应在日本还在准备阶段先发制人，在朝鲜问题上争取主动权。

驻日使臣何如璋

一名普通外交官应做的和能够做的，黄遵宪都出色地完成了。无论是国家大事，还是决策者们的事。他后来就开始撰写《日本国志》(共50余万字，近9年脱稿)。在日本2年任内，他读到了法国民主自由运动的先驱卢梭、孟德斯鸠等人的著作，思想开始向平等自由方面转化。当时中国只看到西方舰坚炮利，对外开放只迷信引进西方的武器和技术，而西方的自由经商、开发资源、修筑铁路、自由选举、议会政治这些东西感觉不符合大清国体而坚决抵制，日本人能虚心学习（当年也虚心学过中国），中国人放不下架子死抱着封建僵化、闭关锁国的政策不放，还在那里妄自尊大，改革的命运不同就在于此。这一点，看得最清楚的莫过于身在日本的中国外交官了。

光绪七年（1882）底，35岁的黄遵宪奉命赴美，出任中国驻旧金山总领事。

美国还是落后的殖民地时，中国正处在所谓“康乾盛世”；中国大兴文字狱时，美国已进行了资产阶级民主革命；中国皇室为皇权争得你死我活，而美国的首任民选总统坚决拒绝连任，比中国的古圣人舜帝还要“英贤”。美国的民主革命比欧洲、日本更彻底，所以，它的“盛世”发展令全世界震惊。最终，它执住了世界的牛耳。

美利坚文明同时是建立在对土著印第安人的残酷屠掠、对黑人奴隶牲口般的役使和对外国劳工的残酷剥削之上的。

19世纪30年代中国人开始移民去美国。在腐败专制的中国社会，广大的农民苦不堪言。清朝不仅关门不让洋人进来，还禁止天朝“子民”走出去。但是，再严的海禁也不能阻止贫苦人出国求生的浪潮。到光绪六年（1880），在美国的华工已达20多万。这些工人都是被资本家招去修路、开凿运河和开金矿的，英语于是有了“苦力”一词，华人苦力在美的地位仅比黑奴略好一点。美国的早期铁路，每根枕木下面都有中国苦力的血泪，成千上万人死于恶劣的作业环境和高强度的劳动中。等到运河修成了，铁路筑成了，工厂盖起来了，美国人就开始嫌弃中国人。资本家任意剥削本来就廉价的中国工人，年老力衰的就随时解雇，美国流氓随意侮辱他们或劫夺他们用血汗换来的有限财物，甚至无故杀害中国劳工。美国的民主自由与华工无缘，法律不保护华工。华工为生存权而抗争，结果是更严重的排华浪潮。

黄遵宪就美国可能发生更险恶的排华运动，向清朝政府提出了对策，但没有被采纳。他只有在职权范围内尽力保护中国侨民。有一次，美国官员以华侨住所不卫生为借口，把许多华侨关在拘留所，黄遵宪听了很气愤，他走到拘留所，叫随从量一下监狱面积，然后正色质问美国官员说：“这里的住所条件难道比华

一战中的华工

侨住所要好吗？”美国官员无言以对，只好释放了这批华侨。黄遵宪以美国标榜的民主自由为依据，力争华侨的教育权、居住权和财产不受侵犯权。在华侨受辱时，他常挺身而出。几代华侨都流传“黄大人”为华侨做主撑腰如何勇敢和机智的故事。

自然，中国的腐弱地位以及华侨中也确有极少数人不理智的抗争行为，都使在美华人处于极不利的生存地位。中国外交官所能做到的毕竟是极为有限的。美国的排华浪潮一浪高过一浪，大批为美国建设出力流汗流血的华工被驱逐出去了。黄遵宪悲赋长诗《逐客篇》，痛呼：“倒倾四海水，此耻难洗濯！”他渴望祖国改革强盛，悲叹：“茫茫问禹跡，何时版图廓？”

在美国，黄遵宪写了关注朝鲜前途的《叹朝鲜》，歌颂爱国将军冯子材的长诗《冯将军歌》以及揭露美国民主虚伪一面的《纪事》诗等。从思想上看，黄遵宪已由一个中国的儒生变成了进步的维新民主派。他的诗、他的行为、他的思想都是爱国主义的具体体现。

光绪十一年（1885）八月，黄遵宪离美归国，回到了近10年不见的家乡，按制守母孝（黄母于一年前去世的）。丁忧期间完成了《日本国志》。此书于光绪十六年（1890）刊行问世，以后再版多次。该书一改中国历代正史中多似天方夜谭的“列国志”那种妄自尊大、嘲夷戏狄的文风，用丰富的史料、客观的态度来介绍中国这个东方强邻的坎坷发展史。目的是明显的，他希望中国人虚心地学习先进的改革经验，平等地对待异族。这本书对中国的维新运动有相当大的影响。

光绪十五年（1889），黄遵宪孝满赴京，被任命为驻英国总领事。光绪十六年（1890）一月，他随出使英、法、意、比四国的大臣薛福成前往伦敦任所，途经西贡、新加坡、锡兰，又由苏伊士运河入地中海，经马赛、巴黎到达英伦。在法国时，薛、黄曾访问该国议院领袖。抵伦敦，二人又谒见英国女王维多利亚，递交了国书。黄遵宪在英只住了一年，此间外交事务不是很多，但其诗词已臻成熟。同时，作为一个有抱负的外交官，他对英国的议会民主做了考察。英国式民主不同于日、美、法等国民主。他相信君主立宪可作为中国借鉴的经验。

光绪十七年(1891),黄遵宪奉命调任驻新加坡(英)领事。其时，黄父病逝，遵宪告假归丧，却未守制，这也是所谓“孝能制忠，忠能压孝”的封建礼教中的一个例子。但黄遵宪此时不仅是尽忠皇命，而且是抱病为在东南亚的华侨华人同胞去尽职。

英属马来半岛的锡矿业和橡胶业正在兴盛时期。华侨在该地的开发至少可以追溯到郑和下西洋。华人在南洋地区的总数已达300万，占当地全部人口的一定比例。中国清朝政府要求在北蜡和吉隆坡等地设副领事，英国政府却迟迟不予答复，经黄遵宪反复交涉，终于得以在这两处设副领事。

光绪二十年（1894）五月，黄遵宪担心的事终于发生了。中日战争爆发，中国陆军在朝鲜、在中国东北一败涂地，北洋海军全军覆没，清朝被迫签订了《马关条约》。黄遵宪长歌当哭，一连写了《悲平壤》《东沟行》《哀旅顺》《哭威海》《马关纪事》《度辽将军歌》等杰出的叙事诗，尽管无力挽回国家的时局，他却成为中国这个时代最伟大的诗人之一。

3. 维新主张

光绪二十年（1894）十月，黄遵宪奉召回国，应新任湖广总督张之洞之聘赴武昌筹办防务。黄在外国多年，似乎习惯了外交场合的交谈方式，忘了中国官场中下级对上级应有的卑躬哈腰阿谀逢迎，加上他无拘无束的诗人气质，张之洞看不惯黄的派头，只给了他一个闲职。在中国旧官场，不取悦上司的结果自然是这样的，而黄想继续往上爬，或者说想施展更大的抱负报效国家，也只有哀叹自己官运不佳、怀才不遇了。

光绪二十一年（1895）四月，《马关条约》签订，台湾割让日本，黄遵宪在给友人信中悲痛地写道："新约既定，天旋地转。……时势至此，一腔热血，无地可洒。"当康有为、梁启超一班学子痛哭上书、力陈维

《马关条约》签订场景

新变法时，黄遵宪立即成为康、梁知音。黄遵宪在南京加入了康有为首创的强学会。在上海，康、黄一见如故，成为密友，他们代表当时中国最进步的极少数力量。光绪二十二年（1896）二月，上海强学会被查封，黄遵宪很气愤，决定筹办报馆，以推广他们的爱国强国主张。清朝对国内人民能为所欲为，但对外国势力极强的上海，尤其是外国人占据的租界却是另外一种态度。中国的革命者的活动、进步的报刊出版发行、外国先进的思想传播，多借租界或清政府不敢胡为的外国势力作为庇护。康、梁维新派，孙中山革命党，中国共产党最早都是在租界活动过才躲开了中国反动势力的严酷搜捕。

当时，黄遵宪给年轻的梁启超（32 岁）写信，邀请这位中国近代爱国奇才到上海办报，两位隔代英才始成莫逆之交。黄在逝世前一年写信给梁："国中知君者无若我，知我者无若君。"黄为办报捐了 1000 元。他们所办的《时务报》，一时风靡海内，数月间销售万余份。每期 20 余页，实为中国新闻史上最早的杂志。

光绪二十二年（1896）五月，黄遵宪应清朝廷总理各国事务衙门之召赴北京，几经周折，以道员职被光绪皇帝破例召见。皇帝问黄，西方各国为什么胜过中国，黄答是变法。光绪还问了一些外交问题，黄都能回答得体。不久，黄遵宪被任命为驻德国出使大臣（公使），由于德国方面拒绝而未成行。

光绪二十三年（1897）六月，黄遵宪出任湖南盐法道，并一度署理湖南按察使。湖南巡抚是维新派官员陈宝箴，整个湖南自曾国藩时代起改革思想较活跃，变法气氛较浓。在湖南期间是黄一生中最感振奋的时期，他创办了南学会，和谭嗣同、梁启超主讲国内外形势和立宪维新主张，同时推行新政，在该省范围内大胆改革。

维新派的改革不可避免地动摇了既得利益者的地位，立即遭到了地方顽固派的攻击。这帮伪善的权贵腐儒以中国传统的虚伪理教和国体国情为托词，明里暗里攻击新政，必欲扼杀而后快。而中央的维新势力更加脆弱，政治权术已成熟到极点的慈禧太后顷刻之间置维新派于死地，光绪帝被软囚，谭嗣同等六君子人头落地，康、梁在外国人的帮助下离国而去。

谭嗣同

光绪二十四年（1898）七月，维新派大祸之前，黄遵宪被皇帝再次召见，任命为驻日本国公使，由于疾病所困，他到上海后就没有成行。不久，维新变法失败，黄遵宪的住宅被搜查（有人诬告康、梁被藏在黄宅）。黄遵宪明知难逃被捕或杀头的厄运，但他没有出逃，坐等捕卒。在他被囚禁几十小时后，由北京太常寺卿袁昶力保免死。这年阳历 10 月 11 日，黄被革职启程回籍。自此，除了用诗文表现他的政治理想和对国难国耻的忧愤之外，他还在家乡创办新式教育，梅县良好学风始于此，传至今。

光绪三十一年（1905）阳历 3 月 28 日，黄遵宪病逝于家乡梅县，终年 58 岁。

西为中用的政治家——洪仁玕

洪仁玕（1822—1864），号吉甫，广东花县人，太平天国天王洪秀全族弟，太平天国后期的主要领导者之一。他自幼好学，尤爱读经史和天文历数书籍，参加朝廷科举屡试不第后以在村塾靠教书为生。族兄洪秀全创立“拜上帝会”后，道光二十三年（1843）洪仁玕参加该会，成了最早受洗入教的一批人。洪秀全起事后，洪仁玕在去响应他的途中败散，后在香港居住多年，学习了许多西方文化和思想。咸丰九年（1859）再度北上，次年阳历 4 月到达太平天国的首都天京（即南京），被封为军师、干王，成为太平天国的高层领导。洪仁玕学识广博，对西方认识较同时代人更为深刻和全面，除了总理朝政，他在太平天国历法的修订、考试制度的改革以及外交事宜的处理等方面，都有颇多贡献。在太平天国执政时期，他编写的《资政新篇》，在政治、经济、文化、教育、外交诸方面提出了一套统筹全局的革新太平天国的方案，被认为是主张发展资本主义的政治纲领，在当时的社会，在太平天国的队伍里，突显出他的思想和主张的进步性和革命性。

主张西为中用的政治家洪仁玕

1. 决议改造太平天国

洪仁玕在太平天国的历史上绝对算得上一个大人物，他是太平天国中最有思想的一个领袖和改革家，他在鸦片战争后，第一个提出要通过变法来改造中国。

早期，洪仁玕和族兄洪秀全一样，是个要与旧世界决裂的激进革命分子，他创新教、传新教、破坏孔教，希望以此改造出一个新世界来。洪仁玕和当时许多知识分子一样，也想走儒家的治国平天下的道路，他从小就刻苦念书，然而总是科场失利，未能走上仕途。于是改变策略，一边自学，一边教授学生。他的命运也是如此,屡试不第。当洪秀全在道光二十三年(1843),最后一次科举考试失败后，他开始认真细读《劝世良言》。《劝世良言》是一本基督教清教的小册子，这本小册子，成了洪秀全基督教的启蒙书，受这本书启发，洪秀全在家乡创立了改版的基督教——拜上帝教，洪仁玕和冯云山等人，就成了受洪秀全洗礼的第一批人，成了洪秀全的第一批信众。

但洪秀全和洪仁玕并没有接受正规的基督教洗礼，要想成为传教士，得先获得合法的身份，于是二人在道光二十七年（1847）到广州去“研究真道”，想成为真正的传教士，然而并未如愿，因为洪秀全的造神想法令教士反感，而且洪秀全野心勃勃，想做万国真主，这怎么能被基督教接受呢？

道光三十年年末（1851年1月），洪秀全干了一件大事，他在广西桂平县金田村领导了武装起义，史称“金田起义”。当时洪仁玕没能到达，之后，洪仁玕与洪秀全派来接他的人起义，却遭遇失败，洪仁玕被清军抓获，又秘密逃走。

一年后，洪仁玕在香港正式受洗入教。洪仁玕曾经离开香港回广东寻找太平军，未果，又回到香港，以教书为业。教书之余，洪仁玕开始学习西方文化。四年的香港生活，使洪仁玕接触了更多西方事物、西方思想和西方文化，这为他日后成为一位提倡西学的思想家打下了深厚的基础（参见姜秉正：《洪仁玕年谱长编》，上海三联书店 2015 年版）。

洪秀全雕像

在香港待了 4 年的洪仁玕一直充满革命激情，他终于决定回到太平天国的都城天京（今南京）。此时的天京风雨飘摇，却热闹异常，这里正发生着中国历史上从未有过的一些事。洪仁玕是带着西方思想回到天京的，他的思想，和洪秀全的思想有着天壤之别。洪秀全本质上还是想当皇帝的，他和中国几千年来的封建帝王并没有什么区别，一样的追求极权。所以，洪仁玕回到的其实是一个王权统治式的太平天国。这种落后的统治方式让已经吸收西方思想，想要走资产阶级改良道路的洪仁玕感到担忧。天京事变后，太平天国损失惨重，人才缺口很大，虽然洪秀全吸取教训，想振兴太平天国，任命了一批新人辅政，仍无法补救损失，整个太平天国还是很乱，人心更是难于齐聚和团结。这时洪仁玕被安排去编写新的政策纲领。他很快编写出《资政新篇》等书，这些书可谓洪仁玕的心血，他对改造太平天国政权的主张几乎都涵盖在里面了。

2. 颁布《资政新篇》

洪仁玕是个很有思想的改革家，他编写的《资政新篇》吸收了西方的资产阶级改革方案和改革精神，其中的很多思想和主张都很先进。全书只有 11000 字，共分 4 篇："用人察失类""风风类""法法类""刑刑类"，主张团结奋斗、移风易俗，并改变传统中国不思进取、庸庸碌碌的生活方式；主张依法行事，惩治顽民和严肃法制。在刑法的设立上，洪仁玕要求"善待轻犯"，按章法行事。"风风类""法法类""刑刑类"这 3 篇，是《资政新篇》的精华，也是洪仁玕治国思想的精华。太平天国是一个落后的农民政权，其中许多政策和体制都很糟糕，甚至让人哭笑不得。《天朝田亩制度》妄图在农民之间实现一切财富均分，实际上是不可能做到的，因为自然经济基础上的物质生

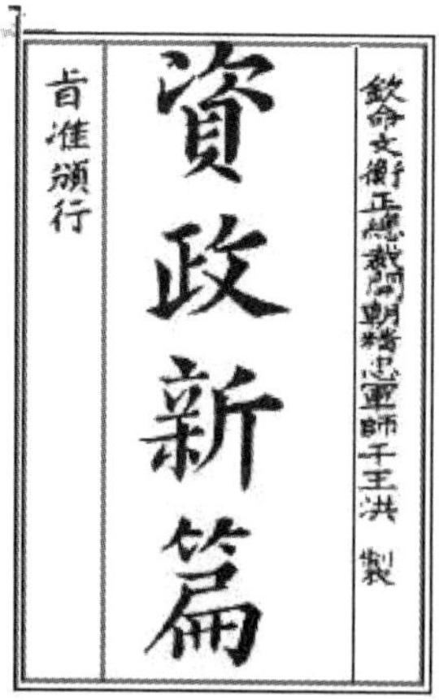

《资政新篇》书影

活根本无法满足这种均分，更无法实现消灭私有财产和贫富分化的目的。洪仁玕否定了《天朝田亩制度》这种小农式的平均思想，他认为太平天国的出路在发展私有资本主义。在发展资本主义的思路上，洪仁玕提倡降低成本、提高效率，这在当时都是十分先进的。这些思想，使洪仁玕成为近代中国第一位明确提出变法维新思想的改革家。

不幸的是，当时复杂的政治和社会环境，让洪仁玕的这些理念都没有成为现实。太平天国自天京事变以来就一直在走下坡路，同治三年（1864）阳历6月1日，洪秀全病逝，他儿子洪天贵继承天王之位。仅仅过了40来天，天京就被曾国藩带领的湘军攻破，太平天国政权覆灭。洪仁玕和洪天贵等虽然逃出来了，但不久就战败，两人同时被俘，于11月被杀害于南昌。《资政新篇》最终没有挽救太平天国。

3. 和同期改革家的交往

中国封建社会在19世纪上半叶迅速走向没落，而这一时期，西方资本主义和科学技术迅速发展。为了对外扩张，开拓国际市场，西方殖民主义用鸦片和坚船利炮打开中国的大门，打破了中国太平盛世的幻梦和天朝上国的幻象。民族矛盾和国内阶级矛盾被激化，

林则徐

民族危机感开始在一部分地主阶级知识分子之中蔓延，他们意识到，要摆脱这种处境，必须找到自强的方法，这批人里，涌现了林则徐、魏源等睁眼看世界的先驱，此后，则有洪仁玕和王韬、冯桂芬、容闳等时代先进，也加入到改革和探索实现国家富强的道路上，但洪仁玕的思想和探索，已经超越了他的前辈和同代人。

林则徐是近代中国最有名的思想家之一，他被认为是近代中国第一个“开眼看世界”的人，第一次对国外做了较为深入的了解。他编的《四洲志》和《华事夷言》，成为近代中国人了解西方的最重要的读本。许多中国人正是通过他的这两本书，开始把眼光望向欧洲及世界。林则徐主张学习西方的坚船利炮，学习他们的军事科技。此外，他还主张民间资本合伙开矿，发展近代工业。

魏源和林则徐交谊甚深，两人同是当时时代的前驱，都主张学习西方的科学技术。林则徐所编《四洲志》和其他翻译资料，在林被解除官职后，全部送给了魏源，魏源在此基础上，广泛收集中外资料，编成系统介绍世界各国人文情况和传播西方先进科学技术的《海国图志》50卷。在对外政策上,魏源提出“以夷攻夷”“以夷款夷”“师夷之长技以制夷”，主要主张就是学习西方的战舰、火器制造和养兵、练兵之法。此外，魏源还强调了学习各种军工、民用技术的重要性，且以俄国为例，提倡中国学习俄国。

无论是以后的洋务派还是维新派，都无疑受到了林则徐、魏源等人的思想和主张的影响，而洪仁玕喜欢看古今中外的书籍，又接触了很多中外人物，再者，他的思想有不少与林则徐、魏源等人相似，可以看出，太平天国的改革者洪仁玕在当时也受到林、魏思想的影响。当然,洪仁玕比他的前辈们在某些方面更为进步，他在主张学习西方的技艺的基础上更进一步，还主张学习西方的政治经济制度，这是极为难得的。

和洪仁玕同时期的冯桂芬，也是一位改革家、思想家。他与李鸿章、曾国藩的看法一致，必须镇压太平天国运动。可是值得一提的是，他跟太平天国运动的领袖洪仁玕都主张向西方学习科学技术，就像林则徐那样开眼看世界。冯桂芬文化素质高，而且对地理和历史方面的知识了解得很透彻，甚至对科学技术方面也有研究，所以他主张开矿，提倡机械化的农业运作方式。

与洪仁玕同时期的知识分子还有一位叫王韬的，他比洪仁玕小3岁，自幼家中贫困，曾中过秀才。和洪仁玕相似的是，他也在香港和上海的时候与西方传教士来往密切。1849年之前，他一直在家乡苏州，后来在英国传教士麦都思的邀请下，来到上海，开始帮助外国人学习中文、帮他们翻译新的文学著作，这一停留就是13年。他对西方的科学、文化十分着迷，和上海的外国传教士朝夕相处，如慕维廉、麦都思、艾约瑟等。他们的中文程度不错，所以王韬虽“未能深究英文”，但是也学了不少的地理、天文、历算方面的知识。1862年的秋天，他离开上海，开始了此后20多年的香港生活，他在香港为外国传教士理雅各做翻译的同时，自己也不断地学习西方文化，所以他一方面帮理雅各翻译中国经书，另一方面自己也翻译西方文学并编写专著。西方的学术中，他最重视世界历史和科学技术，所以他自己编写或翻译的书籍也比较侧重这两部分。王韬提倡变法，认为这才是民族富强的根本，在教育、开矿、练兵、纺织、交通、对外贸易等方面都有自己的主张，而且提出了各种针对性的措施和政

王韬

策，但是在政治民主方面，他显然比较谨慎，不敢有太多碰触。他很了解西方的民主政治，尤其很赞成英国的政治体制，他读过裨治文的《联邦志略》、慕维廉的《大英国志》，自己也编著过一本《重订法国志略》，但是在这方面，他一直不主张引进和学习西方。他坚持“重民”思想：“天下之治，以民为先。”“天下何以治？得民心而已。”他认为的“民治”，一方面是指“上下之交不至于隔阂”，另一方面是说“厚其生”“恒其业”。所谓“上下不隔阂”，即“朝廷有大兴作，大政治，亦必先期告民”；而“厚生恒业”就是工农生产“富民出其赀，贫民殚其力”（以上引文引自王韬：《弢园文录外编》）。王韬提倡向西方学习，但是具体落实到民主上，他重视的只是“是否得民心”，而对民意的了解并不深，更别说如何发扬民意了，他主张兴办新型工厂进而发展私营企业，只是这种做法受封建官僚制度的束缚比较大，而王韬并没有能力提供政治上的保障。所以我们有理由认为王韬的改革计划是远远落后于洪仁玕的。

除了上述几个人外，与洪仁玕的同辈的主张变法的人里还有容闳。两人都是广州附近的人，洪仁玕是花县人，容闳是香山县人，不过容闳比洪仁玕小 6 岁，而且受教育程度也大不相同。洪仁玕经历的是传统的科举考试，只是后来到上海和香港之后，与外国的传教士交往才学了不少的西方知识，而容闳少年时期是在澳门度过的，先后在郭士立夫人的学校、马礼逊学校学习，后来又去美国留学，于1854年在美国耶鲁大学毕业，是我国的第一个留美学生，所以他对西方的认识比绝大多数人都要深，是同辈中的佼佼者。因为容闳和洪仁玕都与西方科学有接触，而且见识到了西方科学技术的先进性，所以他们都主张我国向西方学习，仿效他们走资本主义道路。只是两人选的路径不同，容闳学成归国之后先是任上海宝顺洋行买办，后来又成为清政府的官员，开始参与洋务运动；洪仁玕则彻底断了与外国教会的联系，加入到太平天国的革命中去了。

容闳、洪仁玕相识于年少，而且两人都是港澳外国传教士的朋友。容闳说："我在澳门郭士立夫人所办的学校中经常看到罗孝全（1802—1871，美国在华传教士）。""洪仁玕投奔天京以前，一八五六年我在香港和他结识，那时他是伦敦会理雅各属下的一位布道师。"于是，他们之间联系很频繁，后来就建立了友谊，而且都有在中国进行改革的共同理想。容闳后来回忆："我在香港经常和他见面，甚至那时他曾经希望有一天在天京会看到我。"果然，容闳于咸丰十年（1860）十一月十八日到天京进行访问。容闳认为之所以会爆发太平天国运动，本质上就是腐朽的清政府造成的，并非所谓的宗教原因。他说："整个政府机构从头到尾被一种贿赂制度所侵蚀和败坏。”“其次是官吏对人民的搜刮，作为他们发家致富的无尽之源。”“整个清政府是建筑在一种庞大的欺骗和谎言的体制上。”

容闳

容闳到天京后，十一月十九日访问洪仁玕，他提出一个革新方案，包括以下 7 项内容 :“一、依据科学原则组织一支军队。二、设立军事学校，培养有能力的军官。三、为建设海军设立海军学校。四、组织一个文职政府，在行政机构的各部中任用有能力有经验的人担任顾问。五、建立银行体制并确定度量衡标准。六、建立各级学校的教育制度，以圣经列为教科书之一。七、设立一个工业学校体制。”容闳的方案实际上是一个低调的方案，归纳起来有 4 个方面:军事、政治、经济、教育。他既没有提出学习科学、发展工商业，也没有提倡民主制度。他所强调的教育在当时也没有实行的基础。他表示 :“假如太平天国愿意采纳这些步骤并拨款安排施行，我非常愿意贡献我的力量，帮助实现这些改革。”

容闳和洪仁玕针对 7 条建议在两天后又进行了一次会谈。容闳拿洪仁玕与太平天国的其他诸王比较，认为：“洪仁玕对外面世界的了解比其他诸王要多，甚至比洪秀全还要多，他知道英国政府和其他欧洲强国力量和权势的秘密在哪里，并且非常欣赏这七条建议。但他是孤立的，没有人支持他和拥护这些建议。”后来，洪仁玕也告诉容闳，他知道这些建议的价值，只是现在其他王都率部离开这里去打仗了，在实施任何措施之前他们必须要征得大多数人的同意，所以那些人不在，这些建议他没办法执行。洪仁玕很想把容闳留在天京为太平天国的政权工作，只是容闳拒绝了，随后容闳就去了芜湖收购茶叶，后来运回了上海。同治二年（1863），容闳为曾国藩效命，还参与了江南制造局的创办，之后又负责派遣青年赴美留学等工作。

洪仁玕对改造中国的真理的探寻，超越了他前面的思想家、改革家，也卓越于同时期的思想家、改革家。他的思想的内容既广泛又有针对性，且具有鲜明的阶级性，这比很多同时代的其他思想家的模糊阶级差异的思想更为可贵，因为搞清楚改革的服务阶级和依靠阶级，才是问题的实质所在。

十三行走出的世界首富——伍秉鉴

伍秉鉴（1769—1843），发迹于广东十三行，具有经商天才，长袖善舞。据说他当年所有资产达2600万两，为当时的世界首富。

“出生于1769年的清朝行商伍秉鉴，继承父业与外商从事买卖，又进一步贷款给外商并以此获得巨富。他在西方商界享有相当高的知名度。”这是2001年，美国《华尔街日报》统计过去1000年间世界上最富有的50个人时，对其中一名中国人所作的评价。这个人就是伍秉鉴，与他共列榜单的还有5位中国“千古富豪”，分别是：成吉思汗、忽必烈、和珅、刘瑾和宋子文。其他5人都是通过权力

清中叶世界首富伍秉鉴

占有财富的大人物，而伍秉鉴这一类型的首富却在中国历史的政治财富板块中鲜有出现。

1. 十三行与伍家

伍秉鉴出身商人家庭，祖上清贫，只做些小生意，到父亲伍国莹这一代时，伍家才积攒下不少财富。伍家起家致富，得益于当时广州十三行的兴起。

十三行是鸦片战争前广州港口官府特许经营对外贸易的商行之总称，它创立于康熙二十五年（1686），它的存在既是为了防范洋人，也是为了官府收取关税。清政府在康熙二十二年（1683）收复台湾后，此前一直坚持的海禁政策也随之解体。康熙二十三年（1684），清政府准许海上通商，并在东南沿海设置了江、浙、闽、粤4个海关，尤其是粤海关最为关键，是对外通商贸易最活跃，也是收取关税最多的海关。但是“开禁”初期，中国的行商数量很少，反倒是来广东的外商货船很多，所以造成货物大量壅滞，清政府为此于康熙二十五年（1686）在广州商行中设立洋货行，专门经营外贸洋货，“候出海时，洋商自赴关纳税”。这些专营外贸的商行就被称为“十三行”，这是因为最初的一段时间只有13家行商，此后逐渐增加，也有陆续停业的，所以并非从始至终只有13家。

随着十三行的发展壮大，伍秉鉴的父亲伍国莹看到了商机，于是他抓住这个机会，去十三行总商也就是商行首领潘振承的散货档里做起了伙计。说起伍国莹，我们不得不提一提伍家的家族史。伍家自伍秉鉴的爷爷伍灿廷这一辈起，就表现出一种经商的天赋，且一代强似一代。雍正九年（1731），伍家另一关键人物、财富王国的奠基者伍国莹出世。

伍国莹经过在十三行总商的一番磨炼，后来成了同文行的账房，然后他开始慢慢积累人脉、增长才干。他的野心不允许他居于人下，所以在英国东印度公司的资助下，他于乾隆四十八年（1783）创办了元顺行，次年改名“怡和行”，商名“浩官”，据说浩官的浩取自于他的儿子伍秉鉴的乳名亚浩。中国的封建社会中，一直以来都有重农抑商的传统，商人虽富甲一方但社会地位不高，所以十三行的商人经常在自己的商名中加一个“官”字，本身十三行的商人就具有一定的官商性质，所以无论走到哪里，提到“官”就显得有面儿，不过因为他们经常使用商名，很多外国人就把商名错当作他们的本名了。

伍国莹成为行商不久后就退出了，按照以往的惯例，他需要在自己的儿子里面挑一个接替自己的位置，于是次子伍秉钧成了怡和行第二代中的第一位行商。在父子俩的经营管理下，怡和行的发展势头也很好，乾隆五十一年（1786）的时候，在20家行商中，怡和行位居第六。后来伍秉钧接手，嘉庆五年（1800）怡和行已经排行第三了。可惜天妒英才，伍秉钧一生只活了35岁，嘉庆六年（1801）就因病逝世了。他去世之后，怡和行由弟弟伍秉鉴接管。在伍秉鉴的带领下，怡和行的发展更是突飞猛进，在珠江边上熠熠生辉，嘉庆十二年（1807），行商地位排名第二，嘉庆十八年（1813）跃居首位，在行商中成为领头羊，最终成为了富甲一方的行业巨头。而领导怡和行的伍秉鉴，在商海的劈风斩浪中也一步步拔得十三行首富的头筹。

而伍秉鉴本人，也在复杂的形势中乘风破浪，一步步登上首富宝座。

2. 富可敌国的巨商

虽然接过了怡和行的大旗，但伍秉鉴离首富的位置还有不短的路程。为了使怡和行生存并发展壮大，伍秉鉴抛出了自己的“三板斧”，即打点官员、交好外商、团结行商。

因为行商是官府与外商的“防火墙”“隔离带”，也是“传导员”，所以行商除从官府那里取得贸易的垄断特权之外，也要代办外商的货税，传递往来文书，管理监督外国商民，甚至协助审理中外民众的冲突案件。除了这些应该干的事，行商还要以捐输、报效、陋规、贿赂等形式，来向官员们上下打点。如嘉庆二十三年（1818），伍家就遵总督之命，捐给公共事业 16 万两白银，恰逢嘉庆皇帝要过六十寿诞，又出了 7 万两报效银，据记载，“伍氏先后所助不下千万，捐输为海内冠”。

即便如此，行商还要应对官员无休无止的勒索。外商曾把伍家比喻为“一只容易被剥光的肥鹅”。如道光六年（1826）伍秉鉴只是想把怡和行的行主过户到自己儿子名下就花了 90 万银元或 90 万两白银的费用。可以说，在官府面前，行商无能为力，只能上下打点，以获取更多的利润来填补这个窟窿。

十三行是清政府唯一承认的对外贸易机构，当外商到达广州后，首先就是与行商联系，所以行商的利润收益与外商密切相关，因此伍秉鉴十分重视与外商的关系。哥哥病逝后，伍秉鉴就全面接手了怡和行的业务，刚刚接手，他就立刻联系合作多年的东印度公司广州商馆的大班，希望一切照旧，按照“家兄生前，如常办理”。伍秉鉴担任总商后，与东印度公司的贸易份额一直居于行商首位。比如茶叶贸易，怡和行与东印度公司的茶叶贸易在嘉庆十九年（1814）为3.4万箱，占行商总额的16%；1830年为5.08万箱，占18.6%，价值为127.4万两。而且伍家是东印度公司的最大债权人，嘉庆十八年（1813），东印度公司欠广州行商款项为74.95万两，伍秉鉴自己就占54.90万两，约73%，这也能说明在借贷方面，伍秉鉴对外商足够信任，所以东印度公司对伍秉鉴也很是放心，每年大班离开广州时，他们就让伍秉鉴保管公司的存款和大量金银。

1783年，美国独立，彻底脱离了英国。美国想获得自身的独立发展，他们的当务之急就是开拓海外贸易，特别是市场巨大的对华贸易，仅仅一年时间，1784年美国就在各国的对华贸易额中跃居第二位。

1803年，波士顿的托马斯·普金斯公司在广州设立了普金斯洋行，由年仅16岁的约翰·顾盛主持，伍秉鉴对于外来淘金者向来欢迎，年轻气盛的顾盛也想证明自己，于是两人来往密切，私交也越来越好，这也是两人的性格所致。两人追求的都是“共赢”局面：无论你是哪国人，只要我们是同一条利益链上的，那么所有人尽量都要得到最大化的利益，绝不能吃独食。良性的合作关系很快为他们带来了可观的利润：比如茶叶价格上涨，货源不足时，伍秉鉴提供给顾盛的上等茶叶就比其他行商都要多；等茶叶价格降下之后，顾盛就帮伍秉鉴的茶叶在美国市场上卖个好价钱。

道光九年（1829），顾盛主导合并了普金斯洋行和旗昌洋行，所以旗昌洋行也跟伍秉鉴建立了亲密关系。伍秉鉴正是靠着与美国洋行的这种良好的合作关系，开始在美国通过投资赚钱，单单投资美国的保险业，伍秉鉴就赚得盆满钵盈。伍秉鉴与同时期其他行商相比，具有更高的投资意识和更为宽阔的国际视野，懂得鸡蛋不能放在同一个篮子里，而这也是为什么在其他行商破产落败时，伍秉鉴却能积累巨额财富的原因。顾盛和伍秉鉴既是合作伙伴又是好朋友，他们互相成就了彼此，都获得了财富。

伍秉鉴在与外商交往的同时，与其他行商的关系，他也处理得十分妥帖恰当，他尽量照顾其他行商的生意，因此他在行商中的威望很高。例如，嘉庆十六年（1811），伍秉鉴原本有机会成为东印度公司唯一的羽纱销售代理人，独享这部分的利润，但是他却要求利润按比例分配给公所中的全体行商；道光八年（1828），行商黎光远破产后被发配到伊犁去充军，伍氏家族主动为他筹措了3000元的生活费。正是因为这种润物细无声的潜移默化，伍秉鉴才能够在行商中长期处于领导地位，始终屹立不倒。

官场、外商、行商内部，伍秉鉴在三者之间游刃有余，而正是因为这几点，伍秉鉴才能成为广州地区的首富，并逐渐成为全国首富。

3. 鸦片战争后的衰弱

因为伍家的生意和外商关系密切，伍秉鉴包庇了外国商人的鸦片贸易。道光十八年（1838），林则徐来到广东查禁鸦片，就痛斥伍家包庇鸦片走私的罪过，不但伍秉鉴本人被摘去顶戴，戴上锁链，他的儿子伍绍荣也受到牵连，被逮捕入狱。

对于如此之辱，伍秉鉴印象深刻。道光二十二年（1842）十二月，随着第一次鸦片战争的结束，他写信给他的一位外国朋友说："据说行商制度将被废除，我衷心地希望如此，我愉快地期待我将成为一名自由人的时代。如果我现在是青年，我将认真地考虑乘船前往美国，在你附近的某处定居。"（参见吕文利：《海上丝路成就的世界首富》,《环球人物》2016 年第 10 期）

伍秉鉴活到 74 岁，于道光二十三年（1843）九月四日去世。曾经的世界首富自此结束了具有传奇色彩的一生。伍秉鉴的一生，反映了整个社会的骤然衰退，他因为清朝的对外开放而富可敌国，又因为时代的巨变而含恨死去。他是中国古代商人的一个里程碑，也是让今人引以为鉴的旧传奇。

延伸阅读

广州一口贸易与十三行

从清兵入关的顺治元年（1644）至提督施琅收复台湾的康熙二十二年（1683）这40年间，清政府实行海禁，沿海人民内迁，生产凋敝，海疆空寂。2年之后，因台湾已经平定，为恢复沿海经济，撤销海禁，设立江、浙、闽、粤四海关，即江苏连云港、浙江宁波、福建厦门和广东黄埔，实行对外开放。然而乾隆二十二年（1757），清政府重新封闭江、浙、闽三关，仅存广州一关作为对外贸易和对外联络的视窗。即使是唯一的广州口岸,清政府出于“夷夏之防”和以“天朝”自居，也对外商设置种种限制。如外商只准住在澳门，进省城要领红牌（通行证），而且只准住在商馆，不准携带家眷；也外商不得与中国行商以外的人自由贸易，不得直接与官府进行联络，有事必须写禀帖由行商转呈，而且禀帖上不得用平等文字；外洋兵船不得驶入虎门，商船只能停泊在黄埔，由中国兵丁监护；禁止外商雇人传递资讯；外人不得坐轿和沿街行走；外人每月只

广州一口贸易

有初八、十八、二十八这三日可以结伴由翻译陪同外出散步，不得进入广州城。

广州一口贸易始于乾隆二十二年（1757）冬，清廷下令“外洋夷船将来只许在广东收泊贸易”。次年春，两广总督李侍尧召集广州外商传达皇上命令。乾隆十四年（1749）李侍尧立《约束外商五事》条例，经皇上批准后执行。乾隆二十五年（1760）潘振成等9家洋商呈设立商行（洋行），专办对外贸易，这是“广州十三行”之滥觞。从此外贸授权洋行成为一种制度。西方人将广州一口贸易称为“广州制度”，其内容包括商品管理、防夷和抑商三大方面。也就是第一，外国商船一律在广州贸易，不得北上。第二，官府不能直接与外商接触，外商如有申诉只能通过洋商（行）转呈。第三，管制进出口商品。禁止米、豆、黄金、白银制钱、军器、硫黄、铁、白船、书籍等出口和鸦片进口，生丝、大黄出口量也加以限制。第四，管理外商在广州贸易和居留。如外国兵船不得入内洋；外商不得在广州过冬；贸易期间到广州的外商必须住在洋商为之所建的夷馆，不得随意外出；外国妇女不许留在广州的夷馆，只许留在船上或澳门居住。第五，建立行商制度。一切贸易事务由行商（洋行）执行，包括代缴关税、责任担保（外商担保和行商互保）、充当外商与官府的中介等。第六，对中国商人的限制，如禁止中国商人与外商接触，不许华商向外商借贷等。

清廷实行广州一口贸易制度的目的在于：一是确保东南沿海安全；二是贸易利润由官府独占；三是加强封建体制，维持中外交往传统的朝贡制度。总之，广州制度是一种极坏的贸易制度，把中国私商排除在外贸之外，阻碍了国内资本主义萌芽的成长。尽管外商对此不满，但当初西方还没有完成工业化，工业品在中国市场尚无竞争力，其武力也不足以强迫中国打开国门，只好忍气吞声屈从于中国的贸易管理体制。于是广州出现空前繁荣，珠江边商馆鳞次栉比。商馆即洋行，也就是每个国家来中国做生意的住所和商店（所谓“十三行”，不一定是13爿洋行，有增减，大致在 10 行）。

十三行有政府批准的垄断外贸的特权，再加上从行外私商和外商那里的掠取，十三行的财富累积速度惊人，其中伍家和潘家是家产最多的，伍家富可敌国，法国杂志社称同文行的潘启官比国王更富有。这个起家于乾隆时代的同文行主人潘氏家族，原籍福建，以行海舶商，后来落户广州。在清代，广州十三行独揽对外贸易的 85 年间，潘家作为十三行首领长达 39 年。根据当年与潘家做过生意一个法国商人发挥的报道，当年每年消费达 300 万法郎，财产比西欧一个国王的地产还要多。他们生活奢侈，家宅豪华：潘氏有妻妾 50 人、婢仆 80 人、园丁役夫 30 人；住宅装修更是穷奢极侈："以云石为地，以金、银、朱、玉、檀香为壁"；而且妇女的闺房外面就是一个大剧场，可以能容纳上百人；家园里还有用大理石及檀香砌成的九层高的宝塔；更别提各种珍禽宝木，简直美不胜收。关于行商的富裕，美国人威廉·亨德写道："外国朋友们认为被邀请到潘启官在浦东的美丽住宅去游宴是一种宠遇。这是一个引人入胜的地方，政府高级官吏甚至钦差大臣也和外国使节在此处宴会。有许多好看的古树和花草，石子铺的走道，粗石头盖的洞，上面有小亭台。溪水上架着石桥，鹿、山雉、鹳岛的美丽羽毛更加引人入胜。在高大的围墙里有着许多房屋，有的是平房。有的是两层，环以宽大的走廊。房子彼此隔以天井，连以走廊或巨柱。房屋一般分三间，用板壁相隔，门口挂着富丽的窗帷。三间中的一间作为书房，布套的古书放在特别的书架上面。古铜香炉和珍贵瓷器陈设各处。还有各种古钱币以及绣的、画的古代武器和其他物品的图画。法国人说他贩卖鸦片发了财。他有伍浩官的三分之一的财产，约超过两千万银元。伍浩官有多少财产，大家常常辩论。有一次因提到他的稻田、住宅、店铺、银号与英美船上的货物，他计算一下，共约值五千万银元。”（郑彭年：《鸦片风云》，复旦大学出版社 1997 年版）

用地图打开视野——魏源

魏源（1794—1857），名远达，字默深，又字墨生、汉士，号良图，湖南邵阳隆回人，是清代文学家、政治家、启蒙思想家，也是忧国忧民、反对外国入侵的爱国学者。道光二年（1822）中举人，直到道光二十五年（1845）才中进士，曾做过高邮的知州，后来厌恶官场、归隐山林，开始潜心学习佛理，法号承贯，他是近代中国“睁眼看世界”的先行者之一，有《海国图志》《圣武记》《皇朝经世文编》等作品传世。尤其《海国图志》被称为“中国看世界第一书”。

魏源在学术研究上始终贯彻“经世致用”的思想，他提倡学习西方的科学技术，并提出了“变古愈尽，便民愈甚”（魏源：《默觚》）的变法思想，以“师夷长技以制夷”的科技主张，力图打开中国走向西方、了解世界的大门，这被学界认为是中国思想从传统转向近代的重要标志。

魏源

1. 苦读书小有名气

魏源，乾隆五十九年三月二十四日（1794 年 4 月 23 日）出生于湖南邵阳金潭乡（今隆回县司门前镇）一个濒于破产的封建地主家庭。祖父魏志顺，字孝立，隐居不仕，乐善好施。

有一年，邵阳突发大水，他亲赴县衙，慷慨毁产，代输捐税，使乡民得以安定，而魏氏家境从此衰落。父亲魏邦鲁，字春煦，历任江苏嘉定、吴江等地巡检、宝山水利主簿等职。母亲陈氏，勤劳贤淑，日夜纺纱织布，兼做些针线手工，以维持家计。兄弟 4 人，魏源排行第二。

他幼时沉静，喜欢默坐。他后来刻有一枚上书“默好深湛之思”的方印章，正说明取字默深的用意。祖父很喜欢他，曾对家人说：这个孩子性情、体貌异乎寻常，应按超常儿童来培养他。

魏源七八岁入家塾读书，除从塾师刘之纲学习外，还从伯父魏辅邦学习经史。他学习十分勤奋，足不出户，闭门苦读，“就扃一室，偶出，犬群嗥”（魏耆:《邵阳魏府君事略》,《魏源集》下集）。连自家豢养的狗也把很少外出的他当生人而狂吠不已。他常苦读至深夜，乃至黎明，“夜手一编，咿晤达旦”。母亲责其过勤，每每劝令他熄灯入睡。

有时待父母熟睡，他又起来偷偷地点着灯在被底下翻阅。后被发觉，父母劝谕以长夜苦读非童稚所宜。因魏源既聪颖又勤奋，故学业进步很快。9 岁到邵阳县城应童子试，他进入考场时，县令指着茶瓯中画的太极图出句“杯中含太极”，当时，魏源随身带有两个麦饼充饥，略加思索即对以“腹内孕乾坤”，主考官和在场者无不惊服。

魏源 15 岁时考中秀才，开始研究陆象山、王阳明的著作，并喜读历史。因家贫少书，常向亲友借阅，孜孜于学。后到邵阳县城学宫读书，因成绩优异得到助学食米津贴。17 岁，他在家乡设馆授读，成为年轻塾师。

少年魏源已颇有文名，慕名前往的学童日益增多。他故居的楹联如“读古人书，求修身道；友天下士，谋救世方”；“学贵运时策；友交立德人”；“淡泊以明志；

平易而近人”；“尽交天下士；长读古人书”，等等，都是魏源少年时代所自撰自书。他少年时的诗作《村居杂兴》生动地描绘了故乡淳朴的田园风光，抒发了他对故乡山水与风土人情的淳厚感情。

魏源 19 岁时在岳麓书院读书。这年秋天，他与同邑扬州通判严安儒的女儿订婚。按照当地习俗，订婚、结婚都要酿酒。他订婚那年所酿的结婚酒竟不是常见的黄色，而是桃红色的。母亲大吃一惊，不知是凶是吉。邻居们马上来打圆场，说红色是“红喜事”的吉兆，母亲乃转惊为喜，以酒酬客。魏源在《村居杂兴》组诗中记述了此事：“今晨瓮渌变，色忽桃花如……邻媪来贺瑞，喜溢东墙隅。阿母笑留客，倒酌颜回朱……明春娶儿妇，更酿百瓮酥。”第二年，魏源与严氏结婚时，严夫人 18 岁，比魏源小 2 岁。严夫人有 2 子，长子名誉，次子早夭，她为只有一个儿子而常伤心落泪。魏源对她非常体贴，每一部书成，便用红色缎子把书稿包好，命丫环用茶盘托着，自己穿上礼服，去上房向她报喜，对严夫人祝贺：“我们又生了一个好儿子。”

魏源 20 岁时考中拔贡。嘉庆十九年（1814），魏源的父亲魏邦鲁居丧期满，“起复入都”。魏源随父入京，一路寻访古迹，凭吊古战场，缅怀前贤英烈，特别是对信陵君、诸葛亮、岳飞等历史人物充满了崇敬和同情；沿途的名山大川则激发了他的爱国热情。同时，他也看到由于封建统治者的腐败，河治不修、水患严重，致使中原一带满目荒凉，“千里河南北，高下寸地无”;“至今禾麦地，极目森蒿藜”（魏源:《北上杂诗》)。加上官府横征暴敛，天灾人祸，使黄河两岸饿殍枕藉，白骨遍野，饥民“明知麦花毒，急哪择其他，食鸠止渴饥，僵者如乱麻”。百姓没有粮食可吃，只好吃树根草皮，好些人吃了毒草中毒身死。清廷官吏对此却熟视无睹。政治腐败的现状，民不聊生的惨相，深深地触动了这位北上京师、怀抱蛟龙入海之志的湖南青年，促使他更加注意社会现实，关心民生疾苦，为之后提倡经世致用之学打下了思想基础。他挥笔写上了“何不借风雷，一壮天地颜”的诗句，希望出现更多的社会英才，对现实社会进行改革。他还把批判的锋芒直指清廷最高统治者:“痌瘝苟不瘳，尧禹亦何为！”（《魏源集·北上杂诗》）不能疗治民生疾痛，何以为圣君贤王？！

到达京师后，他先从胡墨庄治汉学，又随姚学塽治宋学。他虽通晓汉学、宋学，但后来对两者都进行了尖锐的批判。他认为汉学引导人们埋头于故纸堆中，从事名物训诂，烦琐考证，“锢天下聪明智慧使尽出于无用之一途”(《魏源集·武进李申耆先生传》)。宋学则引导人们高陈义理，空谈心性，“动言万物一体，而民瘼之不求，吏治之不习，国计边防之不问”(《默觚·治篇一》)，于国计民生无补。他把汉学、宋学一概斥为“腐儒”“俗学”，对于治国安邦既无用又无实，只能摧残人才，祸害国家。经过比较，魏源抛弃了汉学的烦琐、宋学的空腐，而转向今文经学，提倡经世致用。嘉庆二十四年（1818），魏源25岁从今文经学大师刘逢禄治《春秋公羊传》，常和龚自珍等在一起饮酒赋诗，慷慨陈词，纵论古今，以阐发今文经学的微言大义来讥切时政。

清代诗人龚自珍

在京几年间，魏源还涉猎了舆地、掌故、天文、历算等学科。他保持了刻苦勤学的习惯。汤金钊是他考取拔贡时的“座师”，因忙于整理《大学古本》，魏源有50余日没前往问候，老师疑其有疾，遂来探视，他蓬头垢面出迎，其师愕然。魏源将他整理的《大学古本》呈给汤金钊，汤大为叹服：“吾子勤学罕见，乃深造至此，然而何不自珍自爱乃尔也！”（魏耆：《邵阳魏府君事略》,《魏源集》下册）他还广交文人学士。到京不久，周系英在其住所偶见其“诗篇敦雅”，四处宣扬，不出数日魏源“名满京师”，士大夫争相结交。他与状元陈沆切磋“朱子学”，同董桂敷共同研究古文辞，和陈奂等一起探讨汉学，还常和龚自珍、林则徐、陶澍等人在一起饮酒赋诗，切磋学问。这种广泛的师友关系，促进了魏源思想的形成和发展。

2. 人生的转机

魏源事业的转机并不在科场，而在朋友。道光三年（1823）冬，原直隶提督杨芳调任湖南提督，曾教过杨芳儿子的魏源也离京南下，先回江苏探亲（其时全家已随父迁江苏），次年春入杨芳官署。

清代贺长龄

道光五年（1825），贺长龄任江苏布政使，因编经世致用巨著《皇朝经世文编》需要，延聘魏源主其事。乃赴南京。期间，主要在贺长龄、陶澍幕中度过14年（道光七年，即1827年春贺去山东后魏入陶澍幕，时陶任江苏巡抚）。

魏源于道光六年（1826）完成了《皇朝经世文编》的

编撰工作，第二年书籍进行刊定，全书共 120 卷，文章共计 2236 篇，分为 8 类：兵政、吏政、刑政、户政、礼政、工政、治体、学术，类下又分若干子目，参考文献包括清初至道光年间的官方文书、述论、专著、书札、奏疏等，是类编性的散文集。该书署名贺长龄辑，实际上贺长龄只是一个主持者，全书为魏源代编。这些反映清初和清中期部分学者、官吏经世致用思想及改革图治的作品，标志着道光年间经世思潮的形成。在此期间，魏源把多年所学用于实践，在海运、水利、盐务等方面发挥出自己的经世才干。

道光八年（1828），魏源在内阁中书任舍人，与龚自珍、宗稷辰、吴嵩梁、端木国瑚五人共称“薇垣五名士”。魏源与龚自珍共讲匡时救弊之学，有“龚魏”之称。魏源借观史馆秘阁官书，及士大夫私家著述，先人传说，为此后编《圣武记》等书积累了大量资料。

道光十一年（1831）父邦鲁卒，次年参加会试，仍不中。后常居南京，在两江总督陶澍幕供事。此时林则徐任江苏巡抚。魏源常至林则徐处，代其阅卷及处理一些事务。此间魏源得陶澍倚重，促成两淮盐法改革，对盐政做出了贡献。

道光十九年（1839）的夏天，陶澍去世。魏源成为了两江总督伊里布的部属，次年第一次鸦片战争爆发，于是魏源开始为国难奔走，后来在钦差大臣裕谦之的邀请下，到浙江在其所部参赞军务。后来，清朝廷在鸦片战争中战败，魏源对当时的国家形势忧愤不已，编撰了《圣武记》，全书共14卷，表面上看是在为清政府歌功颂德，其内容大赞清初的战功，其实他在暗指鸦片战争的失败是我国的奇耻大辱，他想用当年的胜利来激励民众，振奋士气，抵制外敌，而且还给出许多具体的强国建议。

道光二十年（1840）秋，林则徐被革职部议。魏源得消息后非常气愤，怒作《寰海》诗11首，痛斥投降派行径，指责道光帝战和不定。次年夏秋，林则徐被革职后从重发往伊犁，在镇江会晤魏源。两人对榻倾谈，林嘱魏撰《海国图志》，赠《四洲志》等所译资料以为依据。道光二十二年（1842），魏源完成《海国

魏源故居

图志》50卷（后增至100卷）。他在书中明确提出“师夷长技以制夷”命题，成为近代中国向西方探求救国之道的启蒙思想家。

道光二十五年（1845），魏源终中进士。此后，以知州发江苏叙用，终署东台县令，咸丰元年（1851）被授高邮知州。咸丰三年（1853）正月，因维持地方秩序，得罪统兵大员琦善、杨以增。杨以不绕道递送情报为名诬奏，魏源被革职，旋受调去协助镇压安徽捻军。同年十一月，袁甲三奏请复魏源官职，复职后，魏源即辞职，归隐于兴化，法号承贯，手订生平著述，修净土宗。咸丰七年（1857）三月，在杭州僧舍病故。

3. 从危机中走向世界

在既有深厚的国学功底又较系统地开始了解西方世界的晚清士大夫中，魏源是第一个杰出的代表。林则徐虽然也可与魏源一比，但终累于政事，他的角色更是一位政治家而非思想家。二人差别的根源应在性格和价值取向上。林则徐以天下为己任，晚年应诏镇压太平天国，而魏源最终苦闷地皈依佛门，当是他终为一知识分子的明证。

魏源虽在科举和仕途上均颇多挫折，但其思想却一刻也没停止过独立的思考，这从他卷帙浩繁的著述中可窥一斑。

魏源长子魏耆说魏源“所著书有《诗文集》《圣武记》《海国图志》《书古微》《诗古微》《公羊古微》《鲁子发微》《高子学谱》《孝经集传》《孔子年表》《孟子年表》《小学古经》《大学发微》《两汉今古文家法考》，并所辑《皇朝经世文编》《论学文选》《明代兵食二政录》及《春秋繁露》《老子》《墨子》《说苑》《六韬》《孙子》《吴子》注，各若干卷”（魏耆:《邵阳魏府君事略》，见《魏源集》下册，中华书局，1976年，第860—861页）。又据《清史稿》:“源以我朝幅员广，武功实迈前古，因借观史馆官书，参以士大夫私著，排比经纬，成《圣武记》四十余万言。晚遭夷变，谓筹夷事必知夷情，复据史志及林则徐《四洲志》等，成《海国图志》一百卷。他所著有《书古微》《诗古微》《元史新篇》《古微堂诗文集》。”

才华横溢的魏源留下的著作现存尚有700万字左右。其内容涉及哲学、社会政治、经世之学、文学等各个方面。与当代人盛赞魏源学问的见解不同的是，著名国学大师钱穆认为魏源以“菲薄考据”、重今文起家，最终又回归考据，是无力推动世界变革的无奈。钱穆说：“默深又偿赞贺长龄纂辑《皇朝经世文编》，著《海国图志》及《圣武记》诸书，感切时变，有志经济，而晚节仍以辨汉儒经学今古文名家。则甚矣时风世业之难迴，苟非大力斡旋气运，足以驱一世而转趋，则仍必随逐因循至于途穷而后已也。晚清今文一派，大抵菲薄考据，而仍以考据成业。然心已粗，气已浮，犹不如一心尊尚考据者，所得犹较踏实。其先特为考据之反动，其终汇于考据之颓流，魏、龚皆其著例也。”（钱穆 :《中国近三百年学术史》下册，商务印书馆 1997 年版）

钱穆的评论并不能反映魏源思想的全貌以及其思想的闪光之处。魏源思想的最大贡献和他所处的时代结合起来看,当是提出“师夷长技以制夷”的伟大命题。这一突破性思维令魏源其他所谓考据，甚至经世致用思想均黯然失色。

魏源能从清初考证之学中走出来，据梁启超的说法，主要在于两个原因 :“第一件，考证古典的工作，大部分前辈做完了，后起的人想开辟新田地，只好走别的路。第二件，当时政治现象，令人感觉不安，一面政府箝制的威权也陵替了，所以思想渐渐解放，对于政治及社会的批评也渐渐起来了。”（梁启超 :《中国近三百年学术史》，东方出版社 1996 年版）

毫无疑问，经世致用之学的兴起代表了晚清思想界（或士大夫）独立思考和批判精神的觉醒。它为即将到来的中外千年未有之变局做好了应对的准备，虽然应对还是很仓促、很幼稚的。

梁启超有一个大胆的论断，他认为从清代末期到民国初年社会思想的变迁，“是残明遗献思想之复活”。他所说的“残明遗献”指的是黄梨洲、顾亭林、朱舜水等几位清初的大师，实为明朝遗老，他们所谓的“经世致用”的理论，虽然在民国不适用，但是思想精神是“超汉学”“超宋学”的，打破了200多年的汉、宋思想藩篱，是很有现实的借鉴和启示意义的，反映出社会的进步和变化。他们曾痛论八股科学之埋没人才，从而引导人们反对束缚思想、锢蚀人心的“恶制度”，从而促使麻木的民族意识觉醒。他们大胆地批评君主专制，从而促使人们开眼看世界。魏源深受经世致用思想的影响，这是他走向世界的思想根源。

梁启超

魏源痛恨八股取士,说它造成“人心之寐患”和“人才之虚患”，从而向往西方优秀的文明成果，认为“四海之内，其帆樯无所不到，凡有土有人之处，无不睥睨相度，思朘削其精华”。恰恰是梁任公所论之注解。

梁启超虽然把魏源最杰出的著作《海国图志》放

在“清代学者整理旧学之总成绩”中的“地理学”一节，但他对魏源此书的评价甚高:“魏书不纯属地理……篇中多自述其对外政策，所谓‘以夷攻夷’‘以夷款夷’‘师夷长技以制夷’之三大主义。由今观之，诚幼稚可笑，然其论实支配百年来之人心，直至今日犹未脱离净尽，则其在历史上关系，不得谓细也。”加上徐继畬的《瀛环志略》,“此两书在今日诚为刍狗，然中国士大夫之稍有世界地理知识,实自此始”(梁启超:《中国近三百年学术史》，东方出版社 1996 年版)。

魏源的思想价值并不限于上述，他在哲学和社会政治各领域均做了具有启蒙意义的探索。

魏源的哲学思想有值得借鉴的现代意义在于，当 19 世纪中叶中西方文化猛烈的碰撞，西方列强觊觎和瓜分中国，中华民族面临灭种亡国的危机，中国向何处去成为时代最中心、最突出、最急迫回答的问题。魏源从哲学的角度来认识中国的问题。首先，在看待古今关系上，他认为人类历史是不断发展变化的。“五帝不袭礼，三皇不沿乐”就是这种观点的体现。所以他强调“善言古者，必有验于今矣”，认识历史要切近时势，以便因势利导，开创未来。在看待中西关系上，他更是睁大眼睛来审视西方社会的进步和变化，充满热情地介绍西方的人文思想和科学知识，主张中国向西方学习，达到“师夷长技以制夷”。它打破了中国传统的“中国中心观”“地球中心观”，也打醒了中国封建天朝的妄自尊大，中国人开始以新的观念看待世界。魏源的古今关系观和中西关系观的实质是一致的，他意识到只有“改变”才是永恒不变的，“变”是这个世界发展的本质，这朴素的历史进化思想所倡导的就是：变法、改革。

魏源通过对世界地理的考察，不但认识到中国不是世界的中心，而且中国人更不能把外国人看成“夷狄”。他说：“诚知夫远客之中，有明礼行义，上通天象，下察地理，旁彻物情，贯串今古者，是瀛寰之奇士，域外之良友，尚可称之目夷狄乎？”（魏源：《海国图志》）

长期以来，中国士大夫认为“天处乎上，地处乎下，居天地之中者曰中国，居天地之偏者曰四夷。四夷外也，中国内也。天地为之乎内外，所以限也”（宋·石介：《中国论》）。魏源是第一个推翻中国中心论、揭示世界地理构成的中国人。在编撰《海国图志》的时候，他开始去掉外国译名的口字旁，从这点看，他就比朝野内外大多数人要开明。他将地球正、背全图“冠是书之首”，第一次将中国的大小、在世界所处的位置清晰地展示在人们面前，这具有震撼人心的启蒙意义。

魏源还接受哥白尼的“日心说”，改变了中国传统自然观的“天”与“地”对立的二元论主张。“地是球形的”并且不是宇宙的中心的认识在明末即由传教士传到中国。清初法国传教士蒋友仁向乾隆帝也宣传过哥白尼学说,但在此后三四十年,中国士大夫仍坚持“地心说”,攻击哥白尼学说:“上下易位,动静倒置,则离经叛道,不可为训,固未有若是甚焉者。”声言“不必喜其新而宗之”(阮元:《畴人传》)。

魏源在《海国图志》中攻击了传统认识,他说:“地理本乎天文。由天文方知地球如何,度数如何,地面各处之所在,天下人类之差别。是以欲穷此理,应先思地体如球,常丸转于日球之外,相距甚远,然后能悉地身与各星相关,而地理之所谓文者,乃可推测。”

由此出发,魏源认为世界是客观的,并不存在神灵。由于中国君主专制是建立在农耕文化中对自然、天文、地理的迷信之上的,魏源的认识实际上直接攻击了君主专制“天子”观念,以及由天子观念衍生的其他统治思想。他说“昔人论地体曰其长无尽,其厚莫测,上居天道,下属鬼方”的论点,“皆属虚伪”。

魏源对基督教等西方宗教的认识,也反映了他对自然和神的关系的深刻理解。他不认为基督教的“上帝”是中国人在通常意义上理解的“神”。中国是一个传统的偶像崇拜的国度,民间供奉鬼神,实际是迷信。魏源认为“上帝”是无所不在、全无身体的“造化”,这是一般国人很难理解的层次。魏源说:“天地乃受造之物，所造之者，神也。天地乃运动之机器，所以运之者，神也。天地尚不可称神，而世人常敬数神、千百神，如日月云雷，山海社稷，则以其尊大显赫而神之；古人有文武出众，功德在人者则神之。不知天上地下，止有一神所管，更无二神可抗，故专言神，恐邻于祇鬼，专言天，恐泥于形气，惟合言神天，乃是该至大至灵之宗，即儒书所谓造化，所谓上帝，非世俗玉皇大帝之谓者也……惟天灵，即神天，全无身体，无方所，无在无不在，故《易》曰：阴阳不测谓之神，妙万物之谓神，不疾而速，不行而至之谓神。”由此可见，即使是西方的“上帝”，也并非人们理解的“神”。魏源以《易》说明“上帝”，表明他认识中的“上帝”实际上是指规范万物运行的规律。

魏源思想中另一个值得一提的方面，是他对变革的认识。他认为历史是变化的，进而是进化的，即由低层次向高层次演化的。

魏源在《海国图志》后叙中，明确认识到世界局势的变化，他发出感叹：“岂天地气运，自西北而东南，将中外一家欤？”

在巨变到来时，面对朝廷上下因循守旧、知识闭塞、对策混乱的局面，他在《都中吟》一组诗中进行了鞭笞和批判（《魏源集》）：

筹善后，筹善后，炮台防江防海口。
造械造船造火攻，未敢论攻且论守。
船炮何不师夷技？惟恐工费须倍蓰。
江海何不严烟禁？惟恐禁严激边衅。
为问海夷何自航？或云葱岭可通大西洋，
或云廓尔喀、印度可窥乌斯藏，
或云弥夷、佛夷、鄂夷辈思效回纥之助唐，
或云诸国狼狈叵测不可防，
使我议款、议战、议守无一臧。
呜呼！
岛夷通市二百载，茫茫昧昧竟安在？
题本如山译国书，何不别开海夷译馆筹边之谟？
夷情夷技及夷图，万里指掌米沙如。
如已知彼兵家策，何人职司典属国？

此诗对朝廷士大夫面对巨变，惶惶无良策应对而又无知的情形进行了深刻、辛辣的批判。成功应对局势的巨变者只可能是承认巨变并接受巨变的人。

魏源主张变法，因为他认为无不变之法。他说：“天下无数百年不敝之法，亦无穷极不变之法，亦无不易简而能变通之法。”（《魏源集》）变法可以“便民”：“变古愈尽，便民愈甚……天下事，人情所不便者，变可复；人情所群便者，变则不可复。”一切变法以“利民”为目的："江河白源，一趋于海，反江河之水而复归之山，得乎？履不必同，期于适足；治不必同，期于利民。"

是何原因产生变化呢？魏源的回答具有辩证性。他说："气化无一息不变者也；其不变者道而已，势则日变而不可复者也。"天下之事既然是"气化"而本身并非道，则未有不变之理。天下事物为何必然要变化呢？他说："天下物无独必有对。而又谓两高不可重，两大不可容，两贵不可双，两势不可同。重、容、双、同、必争其功。何耶？有对之中，必有一主一辅，则对而不失为独。"

由天下法必变，魏源倡导必须改革。改革的首要任务是提拔人才，而人才必须有力排众议的勇气，因为"一人倡议，众人侧目，未兴天下之大利，而身先犯天下之大忌"。

魏源的人才观下文有述。先论魏源认为鸦片战争的失败，其原因主要在"人"：一为"人心之寐患怯"，二为"人才之虚患怯"。人才对国家的意义在于："国家之有人才，犹山川之有草木，蔚然羽仪，而非山麓高大深厚之气不能生也。"(《魏源集》)

以上考察了魏源能够走出中国中心观，放眼看世界，倡导内政改革的理论原因，那么他的经世致用思想在经济政治的实践中有何体现呢？

魏源即以经世为己任，断非空言清谈。魏源在当时内政方面的实践和经验，主要来自多年的幕府生涯。其对晚清政治经济得失之见主要体现在道光十七年（1837）所成之《明代食兵二录》一书中。魏源在此著作中，依托对明史的研究，提出挽救清王朝衰败的举措。为此，他首先分析了国家贫弱的原因：

> 皇清立国之初，闵民生之困，监胜国之失，首申阉官加赋之禁。乾隆、嘉庆以来，并黄河大工，一切发帑，永免力役之征……其重民食也如是；北鞑南倭，耀燧不惊；土司改流，万里不警，其靖边患也如是；民生其间，耳不闻苛政，目不见锋镝。而又乾纲亲揽，日见群臣，日答万几，优礼言官，从不知有廷杖诏狱为何事。其政本肃清，岂独高出明代万万？然而东南之漕运，困于输将；中外仕途，困于需滞；沿边之军饷，绌于度支者何哉？黄河无事，岁修数百万，有事塞决千百万，无一岁不筹河费，此前代所无也。夷烟蔓宇内，货币漏海外，漕鹾以此日敝，官民以此日困，此前代所无也。士之穷而在下者，自科举则以声音训诂相高；达而在上者，翰林则以书艺工敏、部曹则以胥吏案例为才。举天下人才尽出于无用之一途，此前代所无也，其他宗禄之繁，养兵之费，亦与前世相出入。是以节用爱民，同符三代，而天下事患常出于所备之外……立乎今日以指往昔，异同黑白，病药相发，亦一代得失之林哉！

魏源以 3 个“前代所无也”，展示了一派垂败的末世景象。他在治国之术方面，尤重工商业的发展。在传统大政如漕运、盐法、河务、兵饷方面也多有创造性的主张和改革。

以工商业而言，魏源主张“富民”:“王者藏富于民，譬同室博弈而金帛不出户庭。”“富民一方之元气，公家有大征伐、大徙役皆倚赖焉，大兵燹、大饥馑皆仰赖焉。”所以，富民的目的也是强国。他指出：“使人不暇顾廉耻，则国必衰；使人不敢顾家业，则国必亡。”（葛士濬著：《皇朝经世文续编》卷八）所谓“顾家业”，就是倡导发展私有经济。为此，魏源倡导在以下方面进行改革，有些他还取得了成功：

一是改革盐法。我国自春秋以来，实行食盐专卖制度，盐税是和田赋、国税并重的财政收入来源。但清代盐政在国家垄断经营下，弊端丛生。一方面是盐价飞涨，另一方面是国库空虚、私贩严重。道光十年（1830），陶澍任两江总督，兼管盐政。十二年（1832），魏源向他建议在淮北试行盐票，由商人向官府交纳一定的盐税后，官方便发给盐票，凭盐票可以自由买盐、自由贩卖。这样减少了各级官吏的层层盘剥，“特尽革中饱蠹弊之利，以归于纳课请运之商”（参见《中国通史》），抑制了垄断的大盐商，由此，盐价降而盐税增。

二是主张民间开采银矿。同样是从财政角度出发，他主张放弃国家垄断开采银矿，这样就会“将见银之出不可思议，税之入不可胜用，沛乎如泉源，浩乎如江河”(《魏源集·军储篇》)。由民间采矿，国家设局管理收税。这是魏源鼓励近代民营企业的主导思路。

大清良臣陶澍

三是主张改革币制。魏源认识到货币有“权衡万物之轻重”的作用。因此，在当时白银不断外流、银价上涨的情况下，一方面要“铸西洋之银钱”和“兼行古时之玉币，贝币”，另一方面要加强银矿的开采。利用自己的银币来排挤外国银币在中国的泛滥是有战略意义的金融主张。不过他反对纸币，他认为那是“诱赚商旅之财的盗贼之道”，不仅容易贬值而且还会用之“抑银而银尽归夷”。这是他比较片面的观点。

四是主张发展正常的对外贸易。他认为中国若能在禁止鸦片贸易的情况下开展外贸，中国的出口会多于进口，从而抑制白银外流。而外贸是可行的，因为列强唯利是图，必须“威足慑之，利足怀之”。他认为道光帝在鸦片战争前夕停止贸易是个失误：“吾曰勿骤停贸易，世俗亦言不当停贸易……”他主张不停贸易是“以自修自强”(《魏源集》)。可见他是把对外贸易当成使国家富强的手段。

此外，魏源在治理黄河方面创造性地提出“乘冬水归壑之月，巩堤束河，导之东北”，至山东利津入海的主张，也有治本清源的战略意义。

由此观之，魏源真正做到了经世致用。他所提出的若干新的政策主张对后来洋务运动、维新变法起到了启蒙的作用。

4. 师夷长技以制夷

魏源编撰《海国图志》是中国书生民族责任感的体现。鸦片战争是在中国上下不知天高地厚、不知彼不知己的情况下爆发，又在中国被欺蒙、讹诈的情形下结束的。当绝大多数人不知道敌人是谁的时候，这个仗也就没法打了。道光帝慷慨地“赏赐”给英国人香港岛，为的是让他们千万莫到北京来。实在不行，就只有“鸵鸟政策”了。

有些人却自觉地担负开化民智的责任。林则徐在广州时就因备战、禁烟需要而组织译员搜集、翻译外国资料（主要是慕瑞所著《世界地理大全》)，编有《四洲志》。道光二十一年（1841）秋，林则徐在京口将

道光帝

《四洲志》交给魏源，嘱其进一步搜集研究外国情况，编撰《海国图志》。

所谓开眼看世界，必从地理学开始，再而人文。即在看世界问“他们是谁”的思维过程中明确“我们是谁”，从而确证我们自己的统一性。中国民族自我认识当从世界地理知识的开化开始。因此很自然地，地理知识是西学东渐最初的主要内容。

《海国图志》50卷本成于道光二十二年（1842）。约57万字，地图23幅，洋炮图式8页。道光二十七年（1847）扩充到60卷，咸丰二年（1852）补成100卷。经过10年增补的《海国图志》成为当时东方最完备的一部介绍世界各国史地知识的巨著。

鸦片战争以前，中外皆有介绍海外的地理著作，其中也包括天文著作。天文和地理是不可分的，魏源注意到了这一点，在《海国图志》100卷本最后列了5卷"地理天文合论"。魏源把天文和地理合在一起介绍，完成了他思想体系中的一个飞跃：不仅改变了中国中心观，而且改变了地球中心观。

中国不是没有机会在鸦片战争之前了解世界。明代利玛窦来华，到康熙禁教、耶稣会解散的200年间，耶稣会传教士在中国译著西书共437种，其中自然科学和人文科学书籍共186种，占总数的43%。天文学是明清之际传入中国的西学中重要的组成部分。

明末传教士评述的天文、历算著作主要有万历四十二年（1614）的《圜容较义》、万历年间的《乾坤体义》、万历四十三年（1615）的《天问略》、崇祯年间的《崇祯历书》等。此间，各种天文、历算仪器也传入中国，如七政象限大仪、列宿纪象大仪、平浑悬仪、交食仪、列宿经纬地球仪、节气时刻平面日晷、浑天星球、地平日晷、窥远镜等。

中国的宇宙体系说在远古时是"天圆地方说"，而后为"盖天说"，秦汉后又有"浑天说""宣夜说"。虽然盛行的是“浑天说”，即认为天如鸡蛋，地如蛋黄，天包着地，地在天中。士大夫们一直接受的主要还是“天圆地方说”说。虽然《崇祯历书》开始大量地引用了哥白尼的“日心体系说”，但这些近代天文知识并没有改变士大夫们的传统观念。

就地理说而言，利玛窦曾于万历二十八年（1600）进呈万历皇帝《万国图记》，被搁置皇宫。南怀仁于康熙十三年（1674）编撰《坤舆全图》与《坤舆图说》，康熙就此也了解了一些西洋风土国俗。康熙还组织传教士白晋等人花10年功夫，绘成《皇舆全览图》（康熙五十七年，即1718年成）。但此图被长期收藏于内府，直到同治年间胡林翼据此绘《大清一统舆图》，中国的版图概念才逐渐形成，而此时中国已被迫开国、受尽屈辱。

由此看来，明清之际的中国的封建朝廷的统治者其实早就接触了近代西方的天文和地理知识，他们之所以死抱着“中国中心论”，不是不知其错误，只是为了维护自己的统治，他们防止科学知识在国内传播，禁止开启民智，所以鸦片战争前夕，普遍的中国人包括士大夫都是愚昧无知的。

鸦片战争失败之后，国内开明的知识分子开始尝试学习西方知识，所以地理学是中国人民开化的先导。不同的是，以魏源、林则徐、徐继畬为代表的开明人群开始主动“睁眼看世界”，而不像传教士那般，拿着各种天文仪器、地理图册敲打中国国门。正如一些学者所论：一些近代的开明知识分子，特别是魏源和徐继畬，在改变中国人关于外部世界的地理观方面是有贡献的。他们在进行这项工作时曾起过重要作用，因为“他们不仅介绍了关于西方的新知识，而且指出中国实际上不是中心王国，因而也就开始消除了那种以中国为中心的观点”。

魏源的《海国图志》绝不仅仅是一部地理学著作，他还在书中提出了“师夷长技以制夷”的著名命题，为中国应对西方冲击指明了一条正确的、积极的道路。下面介绍魏源是如何围绕这个主题展开《海国图志》的叙述的。

徐继畬

魏源首先忠实地、严肃地交代了此书的资料来源。他说：“《海国图志》六十卷，何所据？一据前两广总督林尚书所译西夷之《四洲志》，再据历代史志及明以来岛志，及近日夷图、夷语。钩稽贯串，创榛辟莽,前驱先路。大都东南洋、西南洋增于原书者十之六。又图以经之，表以纬之，博参群议以发挥之。”这就是《海国图志》材料的三个主要来源。除《四洲志》外，历代名书有《汉书》《后汉书》《隋书》《新唐书》《魏书》《晋书》《宋书》《南齐书》《梁书》《宋书》《元史》《明史》《皇朝通考》《一统志》等,其中引用较多的是《明史》《元史》。明以来岛志有谢清高的《海录》、张奕的《东西洋考》、黄衷的《海语》、黄可垂的《吕宋纪略》、王大海的《海岛逸志》、郁永河的《裨海纪游》、陈伦炯的《海国见闻录》,以及后期增补时参考的徐继畬的《瀛寰志略》、叶钟奇的《英吉利夷情纪略》等。外国著作有早期的天主教传教士艾儒略的《职方外纪》、南怀仁的《坤舆图说》等。

《海国图志》之所以不同于以往学者所著的岛志，原因还在于：其一，它并不把外洋诸岛国当成是朝贡国看待，而以往的著作是以天朝自居，处处有维护朝贡体制的语意。其二，它大量地引用近日“夷图夷语”，如美国传教士裨治文的《美理哥国志略》、裨治文与普鲁士传教士郭实腊共同主办的《东西洋考每月统记传》、英国传教士马礼逊的《外国史略》。魏源自叙此书和以往的“海图之说”的差别在于：“彼皆以中土人谭西洋，此则以西洋人谭西洋也。”魏源强调用西洋人的眼光看世界，改变了传统士大夫以自我为中心的视角，在观念上有开创性意义。他最推崇葡萄牙人马吉斯（即玛吉士）的《地理备考》和裨治文的《美理哥国志略》，说此两书“皆以彼国文人留心丘索，纲举目张”。又说马吉斯《地理备考》之《欧罗巴洲总记》上下两篇，尤为雄伟，“直可扩万古之心智”。

《海国图志》的写作目的是什么？魏源答曰：“是书何以作？曰：为以夷攻夷而作，为以夷款夷而作，为师夷长技以制夷而作。”即联合其他国家来打击侵略者，在外交斗争中利用矛盾，团结其他国家来对付侵略者，在外交斗争中利用外国的先进科学技术和养兵练兵之法来制胜侵略者。为此，必须了解夷情。因为“同一御敌，而知其形与不知其形，利害相百焉；同一款敌，而知其情与不知其情，利害相百焉”。所以了不了解外国的情况，其利害关系是相当巨大的。

为此，魏源对全书的内容进行了精心的安排。

全书的主旨思想放在第一部分《筹海篇》，分议守、论战、议款三个方面内容。他说：“以守为攻，以守为款，用夷制夷，畴司厥楗。述筹海篇第一。”其主要内容是：总结鸦片战争之得失，探讨如何从防守、议和、贸易、外交各方面入手采取制夷战略。

第二部分是地图册，本书绘有各种地图 78 幅，这些图的编排按由大到小、由总体到局部的原则，完全是现代地理观念的体现。地球正背面图放在最前面，继而是“亚细亚洲各图”“利未亚洲各图”“欧罗巴洲各图”“亚墨利加洲各图”等，向人们展示了一个完整的世界概念。

第三部分是各国地理、沿革、政治、物产等的详细介绍，其中以英国、俄罗斯、美国、法国等主要列强介绍得最为详细。此部分中，魏源还单列“各国回教总考”“天主教考”，表明他对完全不同于中国文化的西方文化中的宗教文化的关注。这一部分是全书主干，占 66 卷（第五卷至第七十卷）。

第四部分是 3 卷“表”:“南洋西洋各国教门表”“中西历法同异表”和“中西纪年通表”。魏源注意到中西文化差异的诸多表现，宗教和历法是他认为需要特别强调的部分，故列表说明尤其是历法纪年方面。中国沿袭几千年的天干地支纪年和王朝年号纪年，非常不便于和外国交流。魏源列此对照表旨在为了解西方提供知识上的方便，由此也可视魏源为中西文化比较研究的先师。

第五部分是各种“总论”和资料汇编，含有“国地总论”3 卷，“筹海总论”4 卷，“夷情备采”3 卷。主要是林则徐主持汇译的各种夷情资料、情报。

第六部分是西洋各种船、炮、枪械的制造图说，共 12 卷。包括战船、火轮船、炮、炮弹、用炮测量、炮台、自来火铳、水雷、技艺、望远镜等的制作方法

哥白尼

和使用方法等。从技术的角度研究夷情。

第七部分是“地球天文”合论，共5卷。包括地球知识、哥白尼太阳中心说、天体运行规律、地球运行与四季寒暑变化理论等近代自然科学知识。大多是近代士大夫闻所未闻者。这些知识的介绍有助于冲破传统迷信和非科学的知识，塑造正确的自然观、宇宙观。

由此，《海国图志》超越了其书名涵盖的内容，以其丰富新颖的百科知识，成为近代中国开启民智的百科全书。

中国传统的以农耕文化为核心的观念中，自古就是重陆地、轻海洋，而魏源的《海国图志》的特色就是重“海”，这对我国近代海权、海防意识的形成有重大作用。书中的核心内容命名为“筹海篇”，足以体现魏源具有出色的时代敏感性，它启示中国人要有大海一样的开阔胸怀，要有能看到海外、看到世界的开放眼光，从中看到中国的差距，看到我们的努力方向。几千年来的中国饱受亚洲内陆少数民族边患的威胁，自从鸦片战争失败之后，传统的危机模式不再突出，更多的隐患开始来自于海上，侵略者神出鬼没并且实力强大，打乱了中国传统的战略构想。明中叶到清初，由于中国的“海禁”、闭关锁国政策，再加上长期以来海上就没什么威胁，导致了后来的中国海防力量薄弱，魏源发现了这个问题，而且意识到了海防的重要性，所以《海国图志》的外交战略、军事思想都是围绕海防展开的，可以说这就是一部海防教材。

魏源加强海防的具体设想主要有两个方面：一是“师夷长技”方面即技术方面；二是海战的战术方面。在技术方面，魏源主张建造船厂，师夷长技建造战舰。他看到了海防空虚的重要原因是“水师多而不敷，以无战舰也。无战舰出洋，则口岸处处出防，以水师当陆师之用，故兵以分而见寡”（魏源：《海国图志》卷二）。他提出：“请于广东虎门外之沙角、大角二处，置造船厂一，火器局一，行取佛兰西、弥利坚二国各来夷目二人，分携西洋工匠至粤，司造船械，并延西洋柁师，司教行船演炮之法，如钦天监夷官之列。而选闽粤巧匠精兵以习之，工匠习其铸造，精兵习其驾驶攻击。计每艘中号者不过二万金以内。计百艘不过二百万金。

再以十万金造火轮舟十艘，以四十万金造配炮械，所费不过二百五十万，而尽得西洋之长技为中国之长技。每艘配兵三百人，计百艘可配三万人，广东一万，福建一万，浙江六千，江苏四千。其所配之兵，必凭选练，取诸沿海渔户枭徒者十之八，取诸水师旧营者十之二。尽裁并水师之虚粮冗粮以为募养精兵之费，必使中国水师可以驶楼船于海外，可以战洋夷于海中。”魏源实际上主张建立一支近代化的中国海军，分三个舰队。他提出的造船厂、造舰和裁撤旧水师的主张在第二次鸦片战争后的洋务运动中才得以实现，可见他的思想超越了当时的大多数人，而且也是丁日昌、曾国藩和左宗棠等主张造船的洋务派的思想之先声。

对于海战，在现有的情况下，中国不应该盲目地出海作战，他认为“今议防堵者，莫曰御诸内河，不若御诸海口；御诸海口，不若御诸外洋”（魏源：《筹海篇·议守上》）。这种观点在现在看来值得商榷，因为口岸防御是很被动的战略，在有力量的情况下，歼敌于外洋是现代战争的常见战略。但在当时中国没有能够作战的海军的情况下，魏源的主张是有其合理性的。所以，他认为自守之策有二：“守外洋不如守海口，守海口不如守内河；调客兵不如练土兵，调水师不如练水勇。”他引证安南（越南北部古国）“两次创夷”的经验说：“皆诱其深入内河，而后大创之。则知欲奏奇功，断无舍内河而御大洋之理。”这是在战术上诱敌深入的主张，颇有游击战的味道（参见陈先初著：《湖湘文化名著读本·军事卷》，湖南大学出版社2013年版）。

在造船方面，他还提出在广东官方造船以后，还可以鼓励民间造船，以“敷沿海七省之用”。他说：“沿海商民，有自愿仿设厂局以造船械，或自用，或出售者听之。”这是后来官督商办造船及开办其他企业模式的先导。不过，他的主张毕竟还是比较理想化的，因为仿造现代船只的技术恐怕没有雄厚的资金和外国的支持是不可能做到的。

魏源的师夷长技在军事方面的体现不光在造舰方面，还包括火器和养兵、练兵之法。他说：“人但知船炮为两夷之长技，而不知西夷之所长不徒船炮也。”因此他主张改革兵饷，加强练兵。

《海国图志》除了在军事上提出具体策略之外，在外交上和战略上还提出“以夷攻夷，以夷款夷”；在教育上提出增设水师科和设立译馆；在政论思想上向往英美的民主体制。

“以夷攻夷，以夷款夷”的外交战略是魏源在《海国图志》中着力强调的主要思想之一。它表明魏源能跳出纯粹军事战略的范畴，从国际关系的角度考虑大国间的战争，具有很高远的眼光。然而他的设想一直受到质疑。

魏源是在反思鸦片战争得失时开始思考国际关系的。他在“筹海篇”中论述了“以夷款夷”和“以夷攻夷”的可能性，他认为“制夷”不是不存在机会的。

就“款夷”而言，他说："款夷之策二：曰听互市各国以款夷，持鸦片初约以通市。”既然夷国贪利，不如开口贸易。而贸易又必须以道光十九年（1839）阳历3月8日林则徐《谕各国商人呈缴烟土稿》为条件，即各国外商具结保证不贩鸦片，即可照常贸易。对于这一策略，一般学者并无争议。

魏源的思想对中国后世的影响有以下几点：

（1）同时代的影响

著名学者陈澧虽指出魏源理论之很多可辩之处，仍高度评价此书及此人："其书罗列荒远之国，指掌形势，可谓奇书。”“魏君可谓有志之士矣，非毅然以振国威、安边境为己任，何其编录之周详、议论之激切如此哉！”陈澧对此书的许多意见后来与魏源交流，遂成好友。

姚莹是魏源的朋友，赞叹魏源做了件大好事。“莹自嘉庆中每闻外夷桀骜，窍深忧愤，颇留心兹事，尝考其大略，著论于识小录矣。然仅详西北陆路，其西南海外有未详也。及乎兵备台湾，有事英夷，钦奉上询英地情事。当时第据夷酋颠林所言，绘陈图说。而俄罗斯距英地远近，莫能明焉，深以为恨，乃更勤求访问。适友人魏默深贻以所著《海国图志》,大获我心。”

姚莹还认为魏源为国人雪耻：“英夷及西洋人每笑中国无人留心海外事者，其笑固宜，有志之士焉可不一雪此言哉？然而，举世讳言之。魏默深独能著书，详求其说，已犯诸公之忌。莹以获咎之人，顾不知忌讳耶？特不忍自负其心，冀中国有人一雪所耻耳！”

（2）对洋务派的影响

魏源师夷长技所含内容有：军事技术、练兵养兵之法，创立海军（水师科），创设译馆、介绍并了解西方政治制度以及外交战略“以夷攻夷,以夷款夷”,等等。这些开创性的见解对洋务派影响最深。

曾国藩深受魏源思想的影响。其师唐鉴是魏源的朋友。曾在鸦片战争期间居北京为翰林，虽以攻理学为主，但也重视经济之学。他说：“经济之学，吾从事者二书焉，曰《会典》，曰《皇朝经世文编》。”镇压太平天国后，曾国藩常派人到魏源长子魏耆处借书看。

左宗棠，求学时是长沙城南刊院院长贺熙龄的学生，贺熙龄是贺长龄的弟弟，与魏源交谊很深。魏源代贺长龄编《皇朝经世文编》，左宗棠近水楼台，早就阅读过。此外，左宗棠和林则徐为至交，又曾教读陶澍之子陶桄，并将自己的女儿嫁给陶桄。左宗棠的侄子娶胡林翼的妹妹，胡林翼又是陶澍的女婿，胡林翼的儿子娶陶澍的孙女即左宗棠的外孙女。左宗棠结识的这些人大多和魏源是莫逆之交。通过这些复杂的关系，中国近代开眼看世界的第一代人的思想，有了相传的薪火。

左宗棠在光绪元年受魏源麟孙魏光焘之托，为重刻的《海国图志》作叙。他说："海上用兵，泰西诸国互市者纷至，西通于中，战争日亟。魏子忧之，于是搜辑海谈，旁摭西人著录，附以己意，所欲见诸施行者，俟之异日。呜呼,其发愤而有作也。"左宗棠特别指出同、光年间"福建设局造轮船，陇中用华匠制枪炮，其长亦差与西人等"，都是学习了魏源的主张"师其长技以制之"的结果。

其他如冯桂芬、郭嵩焘等洋务派也多从魏源之书中受益。洋务运动后期大员张之洞很重视魏源的思想。他说："近人若邵阳魏源于道光之季节译外国各书、新闻纸为《海国图志》，是为中国知西政之始。"

（3）对维新派的影响

早期维新思想家王韬说："中土之蔽，则在甘坐因循，罔知远大，溺心章句，迂视经猷，第拘守于一隅而不屑驰观乎域外。不然者，当魏默深撰《海国图志》时，西事之书，无可采撷，甚至下及马礼逊之《察世俗每月统记传》，修辞饬句，蔚然成篇，其用心亦良苦矣。"（王韬：《代上丁中丞书》，《弢园尺牍》，中华书局 1959 年版）又说："魏默深之《海国图志》，以渊博胜，皆藉西人以谈西事。然于原书之外，增益裒多，不啻十之六七，无不取撷精英，勤乎咨访，削繁甄要，就我范围。大抵西人之收往往质而不华，疏而未备，使其循文按实，遽笔简编，非失之略，即失之俚，徒费楮豪，难致驯雅。徐魏二君所以不屑谨守其绳墨者，职是故也。”

王韬中肯地评价魏源的开创意义："当默深先生时，与洋人交际未深，未能洞见其肺腑，然'师长'一说，实倡先声。惜者昔言之而不为，今日为之而犹徒袭皮毛也。"

康有为早年就曾读过《海国图志》。及长，游历香港后知道西人治国有法度，不得以古旧之夷狄视之。"光绪五年，己卯，二十二岁。乃复阅《海国图志》《瀛寰志略》等书，购地球图，渐收西学之书，为讲西学之基矣。"

康有为

梁启超多次评价魏源的著作。他认为魏源的《海国图志》对日本维新运动产生了"激刺"："魏氏又好言经世之术，为《海国图志》，奖励国民对外之观念。其书在今日，不过束阁覆瓿之价值。然日本之平象山，吉田松阴，西乡隆盛辈，皆为此书激刺，间接以演尊攘维新之活剧，不龟手之药一也。或以霸，或不免于洴澼絖，岂不然哉！”“数新思想之萌蘖，其因缘故不得不远溯龚魏。”（参见范文澜：《中国通史》第十一卷，近代前编）

开眼看世界的民族英雄——林则徐

林则徐（1785—1850），字元抚，又字少穆。福建侯官（今福州市区）人，诗人、思想家、政治家。官至清朝廷的一品大员，在湖广、陕甘、云贵地区都担任过总督，曾两次做过钦差大臣。他主持了第一次鸦片战争前夕中国最严厉的禁烟运动，是我国近代著名的民族英雄，于道光三十年，即1850年11月22日病逝，享年65岁。

道光十九年（1839），林则徐亲自带兵到广东虎门销毁收缴的鸦片，这件事被称为“虎门销烟”。虎门销烟激怒了鸦片输出大国英国，英国遂借此入侵中国，发动了鸦片战争。林则徐是清代的名臣，他用他的一生去抵抗西方的侵略，同时又主张吸收西方先进的科技文化。林则徐和他的幕僚翻译的文书被魏源合编为《海国图志》，对内影响了晚清的洋务运动，以及以后的中国社会发展走向，对外则影响了日本的明治维新。

1. 不负祖望

林则徐于乾隆五十年，即 1785 年 7 月 26 日降生在一个下层知识分子家庭。这是一个平凡却不平庸的家庭。林则徐的祖父林正澄是位廪生，位卑权轻，一生穷困潦倒，以四处教书谋生，由于家中人口多、开支大，一直入不敷出，终于留下一笔数目不小的债务撒手西天。父亲林宾日由于家境清贫，忍痛将祖先留下来的数间房屋卖掉，弄得“家无一尺之地、半亩之田”，最后只好重操父业，做私塾先生，依靠教书糊口度日。虽非名宦望族，但这个家庭却是世代书香、清负雅望。林宾日博学多才、探求经世之学，曾和友人立敦社、诚交社、绵充山堂等，共同讲学谭艺，并主讲将乐正学书院。晚年与里中老人组真率会，讨论文字，并著有《小鸣集》诗 8 卷，古文、时文等各 2 卷。由于自己科场失意，便将双倍的希望寄托在儿子林则徐的身上，据说林则徐出生的时候，新任福建巡抚徐嗣曾恰好乘轿从他们家门口经过，林宾日认为这是个好兆头，便给儿子取名则徐，一方面表达了一个失意知识分子对徐嗣曾这位以爱士而著称的大吏的崇拜；另一方面也是希望儿子将来能如徐氏，官运亨通、飞黄腾达、荣宗耀祖。

日子是十分穷苦的，林则徐年幼时，读书买不起书本，家人就将衣物典掉，他自己也曾几次辍学，到闽县衙门里充当抄写员，就是中了举人之后，他还曾当过一段时间的私塾先生，以收入弥补家庭的开支。从精神的角度，我们不敢说林则徐很幸运，但他确实并不贫乏，因为这个家庭不乏亲情，重视教育。林宾日在林则徐4岁时就把他托在膝上开始了启蒙教育，口授诗文、教作八股，严格督查、从不懈怠。这位落魄失意的父亲心底的遗憾太深了，望子成龙的心也太切了。数度春秋之后，林则徐以熟读经书、善诗善文而闻名乡里。八九岁时，林则徐的老师在元宵节出了一副对联的上联，言“点几盏灯为乾坤作福”，林则徐随即应对说“打一声鼓代天地行威”，显示了他的宏伟气魄和过人才智。13岁时，林则徐到当时福建的最高学府鳌峰书院学习，他如饥似渴地研读儒家经典、诸子百家，在这个良好的学习环境里，得到良师益友的启迪和帮助，成绩优异，进步很快。嘉庆九年（1804），20岁的林则徐不辱父命，顺利地通过了乡试，中举人，并获得了到北京参加会试的资格。科场上他连连名列红榜是多年潜心苦读的结果，也是林则徐即将出人头地的兆头，这不仅使林则徐一家高兴万分，而且也颇受同乡亲朋的盛赞。人们称林则徐是“福州一活宝”，预言其“定为出色翰林”（林芳春 :《介石堂文钞》第六卷）。

青少年时期的林则徐不仅在父亲的严格督教下接受了系统的教育，成为学识过人的文化人，而且也在思想上深受家风和师长的影响，形成了正直、朴实、经世、开明的思想观念。林则徐的父亲林宾日曾与乡里学友组织“真率会”。这是个倡导新文风的文学小团体，大家经常聚集在一起，讨论古今文字，反对庸俗迂腐，主张树立新思想、新风格。林则徐有时便随父亲参加“真率会”的活动，耳濡目染，自然受到一些启示。他进入官场之后不论任何职、处何地，始终反对因循守旧，力主进行社会改革，与父亲早年给予他的感染不是没有一点关系的。林则徐的母亲陈氏不仅勤劳贤淑，而且见识不短，常教导林则徐说 :“男儿务为大者、远者……读书显扬，始不负吾苦心矣！”（林则徐《云左山房文钞》卷二）生活再苦再难，也不能耽误林则徐的学业，这在当时并不是每一位妇女都能做到的。林则徐从父母那里所得到的绝不仅仅是言传，更重要的是身教，他们不仅吃苦耐劳，而且为人正直善良，疾恶如仇。林则徐小时候曾经亲眼目睹父母在自己忍饥挨饿的情况下，慷慨地接济亲朋穷人。有一次，父亲谢绝了当地豪绅重金的聘请，拒绝到他家中执教。这些优良的品格和作风，潜移默化地印在了林则徐的头脑中，渗透到他日后的言行里。他的关心民瘼、体恤民艰、刚直不阿、敢于任事都可从其父母那里找到基因。

除了父母的原因，师长和亲朋对林则徐的成长也有着重要的影响。林则徐 13 岁就读于鳌峰书院时，主持书院的郑光策，是位进士出身的正直的知识分子，他不仅教学生读书，更育他们为人，一向要求学生首先明确学习目的，立定振兴国家的志向，学以致用。林则徐受他的影响长达 6 年，这 6 年是他由少年步入青年、身心发育成长的至关重要的时期，在老师的引导下，他抱着济世之志博览群书，除了精心攻读科举考试规定的儒家经典外，对于历史、哲学、文学，乃至佛经、医书、碑帖等，也都有广泛的涉猎。林则徐特别敬佩唐代文学家柳宗元的文章，称赞其“言必己出”。他崇拜古之诸葛亮、岳飞、文天祥等有作为的政治家和民族英雄，也欣赏如郑光策这样的生活在自己身边的有气节的知识分子。古圣的英雄业绩，今人的可贵精神，点点滴滴、丝丝缕缕铭刻在青年林则徐的意识中，他知道了什么叫责任、什么是气节，而这对于近代中国又是非常重要的。

2. 宦海浮沉

嘉庆十六年（1811），27岁的林则徐在京城会试中金榜题名，得中进士，入翰林院，从此在一种特殊的历史背景下开始了自己的宦海生涯。

林则徐生活的时代，正是清朝腐朽没落之时，康乾盛世已成昨日的辉煌，随之而来的是封建地主阶级对土地掠夺与兼并的加剧和封建社会诸种矛盾的越来越尖锐。至嘉庆年间，不但阶级矛盾越加尖锐化，而且各种社会弊端集中显现，政治黑暗、吏治腐败、生产凋敝、国力衰颓，不堪重负的百姓在忍无可忍、让无可让的情况下纷纷走上了反抗的道路。以白莲教为旗帜的农民起义活跃于18世纪的北方，1813年爆发的天理教起义军曾一度杀入北京，直捣清朝统治的老巢。

就在封建统治处于日薄西山的窘境时，英国、法国、美国等西方国家财富日盛，今非昔比。急剧膨胀的生产力和日益强烈的对市场与原材料的需求引发了他们贪婪的欲望，使他们对地大物博、人口众多且虚弱落后的中国垂涎三尺、跃跃欲试。

就在这危机四伏、千孔百疮的历史时期，意识形态领域这泓沉寂多日的死水泛起了微澜。一部分地主阶级知识分子在人民大起义的刺激下，开始认真地探讨“世变之亟”，寻找“治世”之方，思想上倾向“经世致用”，政治上主张“除弊兴利。”他们出身寒微、地位低下，但却面向现实，敢于针砭时弊，正视人民的疾苦。他们被称为地主阶级经世派，是鸦片战争之前最有锐气的有识之士。林则徐与这一派别有着太多的共同之处，理所当然地成为他们中的一员。

初入仕途的林则徐先在北京担任翰林院庶吉士、编修等职，翰林院是清政府专司编修国史、草拟有关典礼文件的机构，也是科举进身之士一般必经的衙门，这里书籍丰富、人才荟萃。林则徐置身其间，充分利用这里的有利条件，刻苦学习，饱览经、史、子、集，

清代翰林院

诸多藏书，大大丰富了自己的知识，增长了个人的见识，为他后来成为一员出色的封疆大吏奠定了基础。

与此同时，他也广交朋友，探讨学问，议论时政，常和同籍编修郭尚先等人一起，研究舆地和“经世致用”之学，益以“经世自励”，“实事求是，不涉时趋”（中国近代史资料丛刊《鸦片战争》）。

在北京的最后一些日子里，他曾经参加过“宣南诗社”的活动。这个组织的前身，是“消寒诗社”，由一些下层京官和封建知识分子组成。诗社的主要活动，是通过经济集会，宴饮和诗文唱和，抒发对动荡不安的时局的关切。林则徐借参加这些活动的机会，结识了不少官场人物和诗文朋友。在这期间，他还奉命到江西、云南等地主持过地方科举考试。他在主考时，认真批阅试卷，严惩科场流弊，表现了不同于一般地主官员的公正廉洁的作风。

嘉庆二十五年（1820）二月，他南下就任江南道监察御史，这是他致力于管理地方政务的开始。从此，林则徐就身体力行地施展他纠偏时弊、体察民情、发展生产以及振兴国家的抱负。

林则徐从编修、御史、监司、督抚至钦差大臣，宦迹遍历东南沿海、中原腹地和西南边陲，具有丰富的实践经验。当时，吏治腐败，积重难返，他深知仕途的艰难，但不论周围环境如何、风气怎样，他都坚定地表示要做一个“黾勉勤职守，首祈吏安民”（林则徐《云左山房诗钞》第一卷）的“好官”；绝不与那些“所习乃脂韦，所志在饱温，色厉实内荏，骄昼而乞昏”（林则徐《云左山房诗钞》第二卷）的“利禄之徒”同流合污。

林则徐任江南道监察御史不久，正逢河南仪封（今河南兰考县）闹大水，而早已动工的水利工程却一拖再拖，迟迟不能完工。他来到工程现场，查封所有的河工物料，平价收买，治河物资得到了源源不断地供应，使河岸工程得以顺利完工，堵住了决口，治好了水患。

他在江苏、山东、河南等省都主办过不少水利工程，

林则徐治理黄河

是当时中国出色的水利人才。他主持疏浚了长江下游盐城、南通和苏州、松江等地的河道，如苏州河、浏河等；领导了宝山和金山卫海塘的培修。道光十一年（1831）冬天，他任东河河道总督时，还负责修治了黄河堤岸。

林则徐负责主持的另一较大的水利工程，是在江苏疏浚江湖水道。江苏各地布满湖泊、河汊，号称泽国，最宜兴办水利，灌溉农田。道光十四年（1834）三月，他发动官民捐款合办，自己先带头捐出了 1000 两银子。在江苏人民的大力支持下，刘河和白茆河相继破土动工。到刘河和白茆河完工时，修河经费竟然略有节余。他又用这笔余款先后疏治了茆淀支河、七浦河、杨林河等河道。在林则徐主持下得以修治的江苏境内的水系还有徒阳运河、练湖、宝山海塘，以及淮安府盐城县的皮大河等湖泊、河塘。林则徐主持河道多年，美名鹊起，每到一地都受到百姓“扶老携幼，香花载道”的热烈欢迎，足见其与一般封建官吏的异趣所在。

江苏是林则徐任职时间最久的一个省份。道光三年（1823），他就任江苏按察使，这是主管全省司法工作的高级官员。到任之前，他就了解到江苏吏治败坏、豪强逞凶，官府与地方土棍相互勾结，欺压良善、强取豪夺，民情激愤，积案如山。因此，他一到任，便到各地进行明察暗访，采取果断的措施，清理冤狱，纠正错案，惩治豪强、打击恶棍。在短短的几个月内，就清理了一大批案件，以自己的行动昭示天下，从而大得民心，深受江苏百姓的爱戴。

道光十一年（1831）夏天，江苏再次因运河决口出现大灾，江北地区一片汪洋。此时，林则徐已任职河南，因为他以前在江苏办赈卓有成效，道光皇帝便命令他再次负责赈灾事务。林则徐想到灾区人民的疾苦和企盼，二话不说，立即成行，救灾工作还在前往江苏的途中即已开始着手，途经商丘时，林则徐购买了2万石小麦，一并运到江苏，以解燃眉之急。小麦运抵后，他考虑到南方人民不习惯面食的饮食特点，决定以小麦二升折合大米一升分给灾民；短欠的价银，则责成地方士绅筹集支付。这种强制地主、士绅捐赈救灾的做法，在其他官员中是不多见的。

自担任地方官以来，林则徐始终勤勤恳恳，忠于职守，成绩卓著，口碑极佳，逐渐被委以重任，道光十二年（1832）二月，他被提升为江苏巡抚。消息传开，江苏各地百姓无不欢欣鼓舞，额手称庆。他莅任时，竟有几万人成群结队、喜气洋洋地出来迎接。

林则徐作风踏实，工作细致，几乎事必躬亲，而且不畏权贵，疾恶如仇，并针对一些具体情况，胆大心细，灵活机动，妥当处理，收到了极佳的效果。有一年，江苏闹灾荒时，恰逢朝廷大学士潘世恩因父母去世，在家守孝。林则徐听说潘府积粮万石，便要求他开仓发米，赈助灾民。潘世恩舍不得，撒谎说家里的粮仓粒米无存,无法救济百姓。林则徐顺水推舟地说，既然是个空仓，那就暂时借给官府储放粮食吧。话刚落音，封条已贴上潘家粮仓的门上。第二天，林则徐传令手下的人揭去封条，打开米仓，将全部粮食散发给急需救助的灾民。潘世恩恼恨不已，可又无话可说。

林则徐在江南的另一重大政绩是整顿漕务。当时，清政府实行南粮北运，每年都要从南方搜刮 400 万石粮食，称“漕粮”。本来政府的征收已经十分苛重，加上官府和属下爪牙的巧立名目、层层加码、贪污肥私，致使漕务成了江苏人民的又一重大灾害。林则徐任江苏巡抚以后，采取了一系列有力措施，限制官吏浮收勒索、惩办侵蚀钱粮的人员、调派得力干吏随船押运等。他还会同两江总督陶澍议订章程，对革除漕务的弊病，做了一些具体的规定。这些虽然不可能从根本上改善人民的穷困处境，但多少会给贫苦不堪的农民减轻一些负担。

林则徐是主张“经世致用”的地主阶级改革派的代表人物，他目睹清朝国势衰微，甚为忧虑，为了使国家民族走向富强，他竭力提倡内政改革。

鸦片战争前后，由于鸦片输入、白银外流，加之战争赔款，致使清政府陷入严重的财政危机。针对这种状况，林则徐提出了兴利除弊、体恤民生、以培国本的思路。他认为，国计与民生实相联系，下恤民生，正是为了上筹国计。为此，他反对赋税繁苛，反对官吏敲诈勒索，主张纾民力、培元气，明确提出“裕国足民”的正确主张。

在当时，漕务、盐务、河工，是清朝积重难返的三大弊政，也是地主阶级改革派普遍关注的问题。林则徐的内政改革主张也集中在上述问题上。

清政府每年都要从南方6省征收几百万担漕粮，动用四五千只帆船运往北方，供京畿官兵食用，不仅耗费大量人力和物力，而且官吏层层贪污，敲诈勒索，民众无不怨声载道。林则徐担任地方官后，主张“官督帮收”，在官府的监督下，由船帮直接收粮，改变过去由官府征粮入仓，再交船帮运输的办法，从而节省粮食进出仓的时间，避免官吏从中舞弊；他还提出改河运为海运，由水师护送民间商船运送漕粮。另外，他还在直隶一带兴修水利，在北方试种水稻，就地取粮，免除南粮北运。这一主张，则是其欲彻底解决漕运弊端的大胆设想。

由于官府垄断并与盐商互相勾结，贪污中饱，盐政也是弊窦丛生，林则徐与魏源等人都主张推行票盐法，由盐商交税领取盐票，再买盐自由销售，以革除官府垄断的弊端。

林则徐还对金融和矿务提出了自己的主张。当时，由于洋钱高于白银，造成白银亏损，白银又高于制钱，造成银贵钱贱、商民交困。有的官员主张压低洋钱价格，有的则把银贵钱贱归咎于商人所发钱票不能兑现，主张禁止使用钱票。林则徐不以为然。他认为洋钱既已流通使用，骤然压低价格，必会损害商民利益。他主张由官局铸造银钱，既可压抑洋钱并逐渐取而代之，又可便于商品交换，保护商民利益。林则徐是我国历史上自铸银币、建立本国银本位货币制度的首倡者。关于商人使用钱票问题，林则徐认为，它对国家财政金融不仅没有妨碍，而且钱票在民间通行，还可济民用之不足，有利于商品交换和经济发展的需要，否则，困窘的国家财政更无补救之法。出于开辟财源的考虑，林则徐反对封禁矿山，主张鼓励人们开采，具体经营可以官办，也可以官商合办，还可以商民自办。他在云贵总督任内，鉴于云南矿藏丰富，便主张“招集商民，听其朋资伙办，成则加奖，歇亦不追”(《林文忠公政书》)。甚至认为商民开矿，比官府开矿更有成效。

林则徐改革内政的主张，虽是为了挽救清朝的财政危机，补救封建统治，但同时也饱含着富强祖国，抵御外敌的良好愿望。其客观作用，顺应了资本主义萌芽的要求，有利于商品经济的发展，在当时具有进步意义。

3. 力主禁烟

19 世纪上半期，中国正处于清政府统治的后期，此时延续千年之久的中国封建社会已经开始坍塌，走向衰落。

清政府时期统治下的中国经济仍然十分落后，主要以小农业和家庭手工业相结合的自给自足的自然经济为主，大量的土地集中在有权势的贵族、地主手中，可以说皇帝是全国最大的地主。大量的农民手中有很少或完全没有土地，又被封建官僚和封建地主不断压榨、剥削，就使得广大农民常年陷于贫困破产和流离失所的悲惨境地。当时主要的社会矛盾就是农民阶级同地主阶级之间的矛盾。

清王朝封建君主专制制度已经千疮百孔。天下大权全都集中在专横独断的皇帝一人手中，可以说皇帝掌握着生杀大权。在当时清王朝，官吏之间相互勾结，贪污腐败，范围之广，程度之深，致使社会风气十分恶劣。

鸦片战争前夕，清政府的国防实力看起来强大，实则十分虚弱。清朝军队不但在武器装备上落后，而且军务废弛，军纪腐败，将帅愚昧无知，士兵目无军纪又贪生怕死，虽然清政府每年投入大量的军费开支，但是大部分都被腐败贪污了。

“闭关”是清政府采取的对外政策。清政府妄望通过不与外交往来限制外来侵略，虽然在一定程度上起到了一定的作用，但纵观全局不是长远之计。相反，闭关政策限制了清朝统治时期的中国的发展，无异于作茧自缚。从根本上讲，这一政策是消极的、落后的、错误的。

在清政府闭关锁国的同时，世界上刮起了一场推动世界前进的工业革命的浪潮。英国在 19 世纪二三十年代率先完成工业革命，生产力得到极大发展，欧洲许多资本主义国家由此迅速崛起。英国资产阶级将目光瞄准中国市场，对中国这块肥肉已经蠢蠢欲动。而此时的中国经济落后，清政府坚持实行闭关锁国的对外政策，俨然成了英国向中国倾销其工业产品的一块巨大的“绊脚石”。

19 世纪以来，英国一直试图用工业品占有中国的市场，掠夺中国的财富，但这种企图又屡屡被中国自给自足的自然经济所破坏。贪婪成性的英国资产阶级在屡屡受挫之后，便不择手段地向中国贩卖走私鸦片，把它当作打开中国大门的敲门砖。

1757 年，英国占领了印度的鸦片产地孟加拉。

1773 年，英国东印度公司又取得了鸦片专卖权。于是从 19 世纪初期开始，鸦片平均每年进口 4000 余箱，后来逐步增加到 2 万箱。尤其是到了 1839 年，即鸦片战争爆发的前一年，一下子猛增到 4 万箱左右。除英国之外，美国也从土耳其贩运鸦片到中国。鸦片贸易是一本万利的买卖，鸦片运到中国越多，外国鸦片贩子所赚的钱也就越多。英国更把鸦片贸易列为政府的行为，企图以此扭转中英贸易中长期所处的入超的不利地位。

鸦片大量涌入中国，给中国社会带来了深重的灾难。中国出现了白银大量外流的现象。据统计，鸦片战争前 20 年间，外国侵略者从中国掠夺去的白银，在

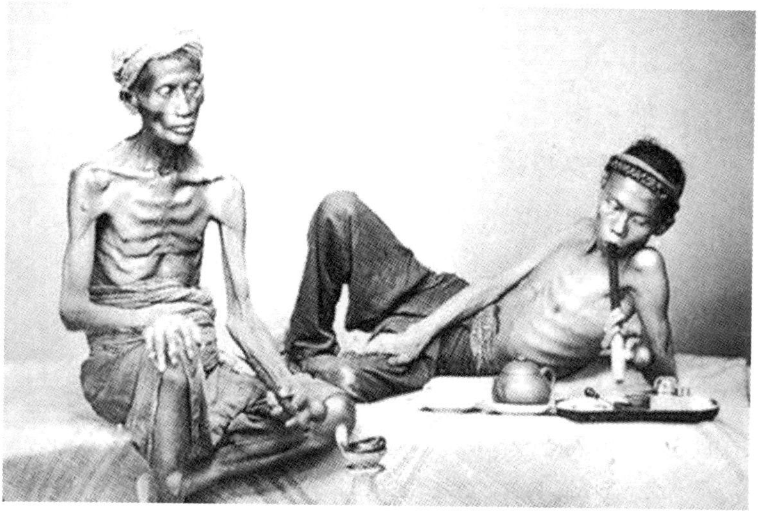

吸食鸦片的中国人

1 亿两以上。这一结果，逐渐改变了原来英国在对华贸易中的被动地位。而中国方面，则由于白银源源外流，造成财政拮据、国库空虚，银源越来越枯竭。鸦片的输入，吸食的人多了，势必影响人的身体健康和整个民族素质的提高。当时除了统治阶级及其依附者吸食外，手工业工人、小商贩、运输工人等依靠劳动谋生的人也吸食鸦片，鸦片让人们的肌体和精神都受到极大的摧残，严重地影响了社会生产和国防建设。

林则徐是一位关心国计民生的朝廷大臣，当清朝官员大多数人还未充分认识到鸦片的危害时，他已敏锐地觉察出烟毒给中国和中国人民带来的极大危险，并以自己的言论和行动表明了自己在这个问题上的严正立场。

林则徐最早接触鸦片问题，是在他的家乡福建。福建地处东南沿海，是较早与西方发生贸易关系的地区，也是受鸦片侵害较严重的地区。早在嘉庆十一年（1806），林则徐在厦门担任海防同知房永清的文书时，他对这一问题已有所注意，看到衙门中一些文官武将因为久食鸦片而个个形体瘦削，耸肩缩颈，精神困顿，林则徐感到十分痛心，也很气愤，并逐渐产生了对侵略者以鸦片毒害和摧残中国人民的不满情绪。

在林则徐担任江苏按察使期间，他对鸦片的毒害有了更进一步的认识，并开始了最初的禁烟活动。禁烟活动是从关闭烟馆，惩治土豪、恶棍开始的。到江苏几个月后，林则徐便发现有人在衙门差役的包庇下，暗中贩运洋烟，开设烟馆，引诱人们吸食。他认为烟馆的出现，有伤风化，败坏道德，是地方上的一大祸害。他痛斥那些开设烟馆的游手之辈是诱骗良民走上邪路，导致世风日下的害群之马，断然下令关闭烟馆，严惩开设者以儆效尤。这是他为官以来，在鸦片问题上采取的第一次严厉措施。

由于林则徐的认真查禁，江苏境内贩卖和吸食鸦片的人日益减少，也很少有人敢私下种植鸦片，以身试法。江苏的禁烟活动，为全国各省树立了榜样，林则徐成了清政府中罕见的一位认真执行禁烟政策的官员。

鸦片战争前，围绕着鸦片走私问题，清朝统治集团内部意见不一，争论激烈。一些从鸦片走私中收受贿赂，而自己又嗜好鸦片的中央和地方大小官员主张对鸦片走私实行宽纵政策，称弛禁派，以首席军机大臣穆彰阿、直隶总督琦善，以及太常寺卿（掌

清代著名政治家黄爵滋

管祭祀礼乐的官吏）许乃济等人为代表。另一部分清朝官员目睹鸦片流毒全国，造成白银大量外流，社会经济凋敝，民族健康遭摧残的事实，从挽救清朝统治的危机出发，与弛禁派针锋相对，力主对鸦片严厉禁止，史称严禁派，鸿胪寺卿（掌管朝祭礼仪的官吏）黄爵滋和时任湖广总督的林则徐是这一派的核心人物。

林则徐与黄爵滋等人提出了一系列的禁烟措施，得到了禁烟派的一致支持，林则徐是当时严禁派的中坚力量，他多次向道光皇帝上书禁烟。林则徐还将全国吸食鸦片的人算了一笔账，以引起道光皇帝的重视。据他了解，吸烟的人每天至少要花银 1 钱，每月共需银子 3 两，一年就要支出 36 两。当时全国人口 4 万万左右，以 1% 的人吸食鸦片计算，一年就要外流白银 1 亿多两。最后他情词恳切地说：目前烟毒流行全国，危害极大，“若犹泄泄视之，是使数十年后，中原几无御敌之兵，且无可以充饷之银”（林则徐:《林则徐集·奏稿》下）。这几句话对身为一国之主的道光皇帝来说触动颇大。

如果说林则徐的几次上奏因其言之成理、情词恳切终于引起道光皇帝对禁毒问题的忧心的话，那么，林则徐在任江苏巡抚和两江总督期间在江南与西湖地区卓有成效的禁烟实践，则给了道光皇帝以禁烟的信心，使他在长期的犹豫不决、徘徊不定之后，终于采纳了严禁派的意见，决心加大力度，从严禁烟。

道光十八年（1838）十一月，林则徐奉旨进京。道光帝在8天内，连续8次召见林则徐，就许多环节和问题对林则徐进行了全面、详细的询问，终于任命他为钦差大臣，节制广东水师，前往烟毒最为猖獗的广东沿海，切实担负起查禁鸦片的重任。

道光十八年十二月，也即阳历1839年1月8日，林则徐将自己的生死荣辱置之度外，冒着凛冽的寒风和漫天的大雪，毅然启程，踏上了前途未卜的禁烟征程。

道光十九年，阳历1839年3月10日，林则徐在广东人民积极开展反侵略斗争的热烈气氛中抵达广州。

下车伊始，林则徐就严明纪律，所有人员未得允许，不得擅自离馆外出，以免泄露机密；各文武官员前来反映有关鸦片的情况，要立时接见。他会同邓廷桢、怡良、关天培等人，多次反复讨论，拟定禁烟办法，又把一些了解鸦片贸易的商人召集在一起，日询夜问，并派人打入洋人商馆了解情况。与此同时，林则徐还详细查阅了有关广东的地理、海关以及海防资料。为了防止满载鸦片的趸船乘隙脱逃，他又命令广东水师加强海上巡逻，严密监视。

然后林则徐发布了一个昭示外国人的谕令，义正词严地斥责外国商人在中国肆无忌惮地贩卖鸦片，“骗人财”“害人命”，实在是“人心所共愤”“天理所难容”。

责令所有外商，在 3 天之内务必将停泊在伶仃洋面趸船上的鸦片造具清册，全数缴出。同时还要写出具结（保证书），声明今后来华贸易，永远不再夹带鸦片，“如有带来，一经查出，货即没官，人即正法”（《谕各国夷人呈缴烟土稿》）。接着，他向外国侵略者庄严宣告：“若鸦片一日未绝，本大臣一日不回，誓与此事相始终，断无中止之理。”（《谕各国夷人呈缴烟土稿》）

整个缴烟过程，是在十分严密、细致的情况下进行的。林则徐会同其他官员专门制订了一个《收缴趸船烟土章程》，其中对收缴的步骤、程序、方法、责任等都作了详细切实、可操作性的规定。长达一个多月的缴烟工作顺利完成，2 万多箱堆积如山的鸦片是林则徐来广州 2 个月的时间里认真履行其禁烟职责的结果，也是他与外国侵略者进行的第一次交锋。

早在缴烟之初，林则徐就拿定主意，将收缴来的鸦片全部焚毁。

道光十九年，阳历 1839 年 6 月 3 日，是中国人民难以忘怀的日子，是虎门销烟的日子，是中华民族向世人昭示自己尊严的日子，这一天，天气晴朗。为了表明自己禁烟的决心，林则徐特许中外人士前往虎门海滩观看，广东的老百姓来了，一些心怀叵测的域外人士也来了……

这一天下午 2 时许，庄肃、威严的林则徐一声令下，

林则徐虎门销烟

岸炮轰鸣、掌声雷动，震动世界的虎门销烟正式开始。虎门销烟整整持续了 22 天，在将近 1 个月的时间里，虎门海滩人声鼎沸、浓烟萦绕，一箱箱的鸦片在发酵池内变成渣沫，又被海浪带入大海，随着 2 万多箱鸦片化为灰烬，广东军民无不欢欣鼓舞，感到扬眉吐气。

虎门销烟使鸦片在中国的泛滥得到一定程度的遏制,在民间产生了积极的影响。同时通过这次禁烟运动，也使广大国民同胞认清了鸦片的巨大危害性，看清了英国向中国倾销鸦片想打开中国市场的本质，唤醒了人们的爱国意识。由此，林则徐成为人民心中的民族英雄，为后人传颂。

但是，这场声势浩大的禁烟运动也惹恼了英国政府，损害了英国资产阶级的利益，反而加速了英国对中国的侵略，成了引发外国列强发动鸦片战争的导火索。同时，也加速了中国半殖民地化的程度，推动了中国近代史的发展，在中国历史进程中具有重大意义。

4. 睁眼看世界

从乾隆二十二年（1757）开始，清政府厉行严格的海禁政策，至道光二十年（1840），中国长期的闭关锁国，不仅使中国远离了世界发展的主潮流，无法与工业文明沟通交流。及至 19 世纪中期被西方资本主义用鸦片和大炮叩开国门之后，面对与世界潮流反差极大的现实，很多人表现出了种种无所适从的心态。在长期的盲目排外之后，能够正视现实，睁开眼睛审视自身和外面的世界应该说是我们这个民族重新振兴的关键的一步。

尽管林则徐一直致力于抵抗西方列强的侵入，但是仍能以开放的态度接受西方文化、科技和贸易。据记载，他主动学习了至少英、葡两种语言，而且还翻译了西方报刊和书籍。《海国图志》一书由魏源受林则徐所托编写的西方资料，对后来的洋务运动以及日本的明治维新具有极大的启发作用。

在林则徐主持禁烟期间，他就意识到了解西方文化的重要性，他开始跳出“天朝”的狭隘天地，组织力量翻译了一些西方书报，探索新情况，解决新问题，以适应实际斗争的需要。在林则徐的努力下，通过一些书籍报刊，蒙在西方资本主义身上的神秘面纱被慢慢揭开，这是中国人开始近代化进程的第一步。通过翻译集成的《澳门月报》，林则徐初步了解到英国在中外贸易、鸦片贩运等问题上所持的态度，并接触到西方国家的政治、经济、军事情况。

由英人慕瑞所著的《世界地理大全》加以翻译、整理后出版的中文版的《四洲志》，比较全面、详尽地介绍了全世界30多个地区和国家的历史、地理概况，成为近代中国从外国翻译过来的一部重要的史地译作。这部书开阔了林则徐的视野，看到了中国以外许多闻所未闻、见所未见的事情，让他大开眼界。后来，林则徐的友人魏源，就是在《四洲志》的基础上，扩大补成，编成近代中国人自己著述的第一部世界史地著作《海国图志》的。

从英人德庇时的《中国人》一书摘译而成的《华事夷言》一书，则可以了解当时外国人对中国某些事情的看法。这一时期的译著还有《各国律例》及其他有关军事技术方面的著作。这些书籍不仅对于制定抗英对策起到了积极作用，而且在冲破中国自我封闭的思想牢笼方面起了开先河的作用。

除了通过书籍报刊了解外面的世界，林则徐还利用一切机会直接访问外国人，通过他们了解西方各国的真实情况。

这一方面是自己的禁烟使命使然，要了解有关产烟、销烟的情况，宣传禁烟政策，有效打击贩烟活动，巩固禁烟效果，另一方面也是为了了解世界，增加知识，开阔视野，学习西方先进的科学文化和国家治理经验，从更高远的角度，思考国家的发展和强大，才能从根本上去赢得禁烟斗争和反侵略斗争的胜利。

在重要的历史转折时期，林则徐开了中国人了解外国和学习外国的新风气。他对西方国家情况的探求和介绍，是一种违反封建体制的勇敢行为，这种行为证明林则徐的思想认识水平已远远超出他的同代人。他的所作所为不仅对19世纪40年代的禁烟和反侵略发挥了重要作用，而且对近代思想界也有着重要的启蒙作用。在他的影响下，一些爱国知识分子为了谋求祖国的独立和富强，纷纷冲破闭关自守的传统观念，积极了解外情，并写出不少介绍西方资本主义世界的著述。除了魏源在《四洲志》的基础上撰写的《海国图志》，还有汪文泰的《红毛英吉利考略》、肖令裕的《英吉利记》、杨炳南的《海录》、徐继畬的《瀛寰志略》、梁廷枏的《海国四说》等。一时研究西方世界蔚然成风，并代代相继，而19世纪末期的戊戌维新运动则不仅继承发展了这一思想传统，而且还进行了见诸实践的试验。

广州是中国在鸦片战争前唯一对外开启的门户，林则徐一刻也没有忽视对国防的加强。在两广总督邓廷桢和水师提督关天培的协助下，林则徐深入调查了广东地区的水陆形势和军事布防，在虎门要塞等重点地区，指导加强了军事设施和防线的建设工作；努力整顿广东水师，增强海上防卫力量。

林则徐虽是文人，却并不是军事的门外汉。基于自己对中英双方在军事上的优劣长短，他制定出了“以守为战，以逸待劳”的战略方针。这一战略方针的依据是：英国侵略者船坚炮利，善于海战，是其所长，但路远师劳，给养困难，是其所短；中国方面则相反，弱点是船旧炮少，不利海战，优点是在本国与敌人交手，兵源、粮饷充裕。根据这一情况，敌人急于在大规模海战中速战速决，而我方则适合持久作战。要战胜敌人，就必须扬长避短，避免与对方在海上正面交锋，激发军民爱国热情，以逸待劳，扼守海口，断其接济，围困敌人于外洋，持久作战，不懈不怠，直到最后打垮侵略者。与此同时，也要利用敌人远离本国，战舰漂泊海上，我方便于进行近攻的有利条件，组织水勇乘船火攻。可见，“以守为战，以逸待劳”的战略方针，并不是单纯的防守，而是在立足于守的同时，捕捉有利时机，灵活机动地袭击敌人。这个作战方针是在对客观情况进行充分论证的基础上而提出的，这在当时，一般的封建官吏是无法企及的。

林则徐为了改变清军的落后武器设备，提高军队反侵略战争的作战能力，命人收集关于制造火炮的文献书籍，还组织专门的人翻译有关火炮操作的资料，开始仿照外国的战船造出中国的战船，而且购买外轮改装成战船，并交由广东水师驾驶操练。所以无论是在他的思想中，还是在他的实践中，都可见已经有了“师夷长技以制夷”的意识萌芽，随着民族矛盾的不断加深，他“经世致用”的思想也有了新的解读。

1840 年鸦片战争爆发

5. 最后的努力

1840 年 6 月，英国侵略者悍然发动了蓄谋已久的鸦片战争，林则徐由于在广东沿海的认真备战，有效地阻止了侵略者的进攻。英军于是掉头北犯，攻占定海，陈兵大沽口，同时提出赔款、割让领土等无理要求，以威胁清朝廷。虚骄的道光皇帝这时胆怯了，听信主和派的谗言，重新任命了主和的琦善为钦差大臣，林则徐等被查办。

道光二十一年，阳历 1841 年 7 月 14 日，林则徐成了投降派的替罪羊，被撤职流放，踏上了远遣新疆的漫漫征程，他的心情十分复杂。途经镇江，林则徐稍事停留，与前来送行的好友魏源进行了彻夜长谈，话题仍不离国计民生、江山社稷。分手前，他把在广州译编的《四洲志》交给魏源，委托他以此为基础，广泛收集资料，编撰介绍各国历史、地理情况。魏源果真不负重托，几经努力，完成了《海国图志》的编撰工作，为中国人了解外部世界提供了极为可贵的资料。行至扬州，林则徐又拿出自己收藏的《炮书》钞本副刊，热切希望其对改进中国的铸炮技术有所裨益。

道光二十二年，阳历 1842 年 5 月中旬，林则徐抵达西安，再往西行，路艰人稀，他不忍家人再跟着自己受苦，以“苟利国家生死以，岂因祸福避趋之”（《云左山房诗钞》卷六）的悲壮诗句，辞别了妻子，继续前行。至凉州，又写下了“小丑跳梁谁殄灭，中原揽辔望澄清。关山万里残宵梦，犹听江东战鼓声”（《云左山房诗钞》卷六）。这壮怀激烈的诗篇，淋漓尽致地抒发了他念念不忘抗敌御侮的爱国赤诚。

林则徐的流放地是新疆的伊犁，从东海之滨，到塞外沙漠，林则徐在途中颠簸了共1年又5个月，其艰辛和劳顿，非外人所能想象。

道光二十二年，阳历1842年12月10日，饱受风刀霜剑的林则徐抵达伊犁惠远城。这里人烟稀少、气候异常，疾病缠身的林则徐到边城后水土不服，鼻子出血，咳嗽多痰，夜不能寐，身体日益衰弱。所幸的是林则徐塞外遇知己，先期被发配至这里的邓廷桢早在广东禁烟时成为他志同道合的伙伴，共同的志向，相似的遭遇使他们情同兄弟，互相支持和安慰。伊犁将军布彦泰一向仰慕林则徐，对他关怀备至、尊敬有加，经常向他请教有关边防政务的重大问题。

林则徐深入了解、调查新疆地区的实际情况，结合这里的客观条件，提出了一条行之有效的边防措施，那就是屯田备边。他建议将垦地分给当地维吾尔族人民耕种，并把原来的屯兵制改为操防制，使边防驻军既从事土地耕种，又进行军事训练，做到屯田与备边结合、兵与民结合，在西北边疆，筑起一道铜墙铁壁。

林则徐向布彦泰建议，应开垦荒地大力发展农业，一是为了提高人民生活水平，二是繁荣边疆的经济，布彦泰欣然应允。林则徐不顾年老体弱，带病坚持，从道光二十三年（1843）的秋天开始，负责开垦惠远城东边的阿齐乌苏荒地。

道光二十三年（1843）秋到道光二十五年（1845）十月，在大约2年的时间里，林则徐又不顾风雨严寒、道路崎岖，历勘了库车、阿克苏等处的荒地，后又转赴吐鲁番、哈密一带，为开发新疆、开垦荒田竭尽心力。

通过几年的努力，林则徐在新疆兴建起了许多水利工程。他带领人民修了许许多多的“坎儿井”，最终实现了他干旱土地变成绿洲沃壤的愿望，而且极大地促进了农业生产的发展。

伊利将军布彦泰

林则徐为新疆做出如此大的贡献，清朝廷念其有功，于道光二十五年（1845）九月对林则徐重新起用，命其以四品京堂的身份回京候补。进京的路上，林则徐又奉命以三品顶戴署理陕甘总督。次年4月，又命其担任山西巡抚，一年后升为云贵总督。直到道光三十年（1850）的春天，林则徐的病情严重起来，他迫不得已，向朝廷呈递了辞呈，最后回了原籍福州，而这时的福州已经开辟为对外通商口岸。

而这时，来自外部的民族矛盾日益尖锐，外国侵略者对入侵中国虎视眈眈，林则徐始终保持高度警惕，坚决反抗侵略的决心毫不动摇。道光二十七年（1847）时，英国侵略者试图进入广州，广州人民誓死反抗并取得初步胜利，林则徐得知消息后，很是欣慰。道光三十年（1850），他和福州的士绅商议决定，将那些违背约定，强制入城居住的英国人驱逐出去，而且为了防止英国人的战舰骚扰，他亲自到虎门和闽安海口查看地形，提出募勇增兵、演练火炮等建议，想尽各种办法来加强海防。

道光三十年（1850）秋，林则徐病死于广东普宁行馆，终年 65 岁。林则徐是清朝封建统治阶级中一个重要成员，由于阶级和时代的局限，为了维护封建统治阶级利益，他也曾经屡次站在农民阶级的对立面，奉命镇压过西北、西南地区的少数民族起义。但林则徐的思想有着鲜明的时代印记，他是代表地主阶级开明的知识分子，也是具有远见卓识的伟大的爱国主义者。作为封建朝廷的重臣，他面对的是强大的外敌肆意的、野蛮的入侵，而身处的是贫弱的祖国遭受挨打、欺辱的困境。他一方面与侵略者进行着坚决的、没有丝毫妥协的斗争，另一方面努力冲破闭关自守的封建意识的禁锢，认真探寻中国之外的世界，探寻中国的发展、强大之路。他是中国近代维新思想的先驱，是中国睁开眼看世界的“第一人”。

延伸阅读

清朝与西方国家的关系

一、清朝与荷兰的外交关系

1642 年，荷兰独霸中国台湾岛后，仍不断侵扰中国大陆沿海。1646 年，清军南下福建，郑成功顽强抗清。1659 年，在北伐清军失败后，郑成功退据福建厦门。因厦门狭小，郑成功决定收复台湾作为抗清基地，并解除荷兰殖民者的威胁。1661 年 4 月 21 日，郑成功率军 25000 名自金门岛出发。4 月 29 日，郑军出其不意地攻进鹿耳门，在禾寮登陆后，对荷军据点赤嵌城（荷名普罗文查，今台南市）发起攻击，并断绝城中水源，迫使该城荷兰守军投降。随即郑成功又移师台湾城（荷名热兰遮城，今台南市安平镇）。荷军急忙遣使请求以纳银来换取郑军撤退，郑成功致书荷兰总督揆一，严正指出："台湾者，中国之土地也，久为贵国所踞，今余既来索，则地当归我。"（《台湾通志》）但荷军顽抗待援，拒不投降。8月，10艘荷兰救援兵船从巴达维亚赶到台湾，被郑军击败逃逸。城内荷军长期被围，粮尽药缺。揆一走投无路，遂于1662年2月1日签约投降。10日，揆一率残部退出台湾。郑成功收复台湾，是中国人民反对西方殖民侵略斗争的第一次伟大胜利。它解除了台湾人民遭受荷兰殖民统治的痛苦，保证了中国领土完整。

清朝建立后，荷兰人便积极寻求与清政府建立联系。1653年，荷兰的巴达维亚殖民政府派遣斯克德来广州，请求通商，广东巡抚立即上报清廷。1655年，荷兰使节哥页与开泽再来广东，即被护送进京。经交涉，顺治帝决定允许与荷兰通商，8年一期，人员不得逾100人。但不久清朝宣布禁海政策，而荷兰人又与郑成功集团对抗，实际并未通商。郑成功收复台湾后，荷兰东印度公司曾于1662年、1663年、1664年三次派遣博尔特率领10余艘武装舰队，打着帮助清政府平剿"海逆"（即台湾郑氏集团）与"朝贡"的招牌，前来中国福建与台湾沿海，企图重新占领台湾，并谋取在中国的贸易特权，但未能如愿。1664年荷使范胡伦再次入京，目的仍在争取扩大商务利益，然而也没有取得进展。直到1686年荷使入京交涉后，清廷才同意将通商时间放宽到5年一次。此后荷兰商人又得到清廷的许多优待。1729年，荷兰人于广州设立商馆。1736年，乾隆帝又免除荷兰人货物进口附加税。1762年，清廷又准许荷兰商船可运输中国土丝出口。但是，清廷的优待并不能满足荷兰通商要求。1794年，荷兰东印度公司便借庆贺乾隆帝登极60周年之机，派使节铁俊甫和文谱兰来华，清廷除热情接待外，还是未允许扩大荷兰在华商务利益。

二、清朝与英国的外交关系

英国人与中国的接触，早在13世纪蒙古西征军中就曾有英人担任翻译和信使。16世纪后，英国人也企图由海路通航中国。1582年、1596年，伊丽莎白女王还两次委派英国商人到中国，并且带交她致中国皇帝的信，结果未达目的。因为葡萄牙人和西班牙人已从两个方向分别垄断了东、西海上交通航线，而英国人试图打开“北半球航道”到中国也未能成功。17世纪30年代，荷兰人在印度尼西亚的殖民统治已经巩固，构成对葡萄牙占领的果阿至澳门之间海上运输的威胁。1635年，葡萄牙果阿总督请求英国人替葡运货至澳门。1636年，又有约翰·威德尔率领的英国舰队，在国王查理一世的支持下，向中国航行。1637年6月，这支英国船队抵达澳门附近的黄坑岛。不久又驶往广州，在虎门与明朝军队冲突。随后，威德尔派人与广东地方政府谈判，表示愿与中国通商。由于葡萄牙人从中作梗，中、英之间的第一次官方接触并未取得结果。至此，在大约一个半世纪中，英国人曾几十次地做了打入中国的各种尝试。虽然这一次正式接触也失败，但威德尔却建议英国政府夺取海南岛作为英国对华贸易的基地。

英国东印度公司成立于 1600 年，自始就获得了对东印度贸易的独占权。而在早期中英关系上，它也是英国对华贸易、外交的实际代表。自 1635 年英国东印度公司替葡萄牙运送货物到澳门后，1664 年和 1673 年，东印度公司曾两次直接派船到澳门，但都遭到葡萄牙人与清朝广东地方政府的阻难，失败而去。于是，他们便到台湾试探。1670 年，两艘英船到达台湾后，即与郑经订了一个“二十条协议”。英国东印度公司被准许在台湾通商。1672 年，其在台湾设立商馆，并曾在郑经占据闽南期间开商馆于厦门。不久，清军平定台湾，该公司在台湾及厦门所设的商馆均被关闭。清朝开放海禁后，英船更积极地在中国粤、闽、浙沿海活动。1700 年，英国东印度公司派喀恰浦为第一任监督，设监督公署于定海。同时，英王又任命他为总领事。但他认为定海不如广州与厦门，乃于 1702 年离开定海。

1715年，英国东印度公司正式在广州设立商馆。此后，这个公司驻广州办事处特别委员会便成为执行中英贸易与外交的专门机构。而这个特别委员会的主席，即中国所称的“大班”,还是广州外国商界代言人。1757年，东印度公司鉴于广州方面对外商限制很严格，规礼又很重，准备派员到浙江宁波开辟贸易。而清政府却在这年宣布洋船只准在广州一地进行贸易，严格禁止洋船再到其他海港。但禁令尚未到达英方，东印度公司已派通事洪任辉试航宁波。1759年,洪任辉到达宁波后，被浙江地方官拒绝。洪氏便继续北上,由海道直抵天津，并通过天津地方官呈书乾隆帝，状告广州行商与地方政府。乾隆帝即特派钦差前往广州会同总督李侍尧查办。洪任辉回广州后，清政府以“勾串内地奸民”罪将洪氏押往澳门圈禁3年。同时两广总督李侍尧又制定《防范外夷规条》，从而加强了对外商的限制。以后英国东印度公司又多次派员就对华贸易进行交涉，但清政府的限制并未放弃。然而，英国东印度公司仍然从对华贸易中获取了巨额利润，直到1833年该公司对华贸易独占权被取消为止。

18世纪后期，工业革命在英国展开之后，其对于海外市场的需求更为迫切。英国政府鉴于英国在华商业利益重大，企图谋求与清朝的外交关系，于是决定派遣使团赴北京，东印度公司也乐意为使团提供全部费用。1787 年，英国政府任命国会议员喀塞卡特为大使使华。使团目的除力图消除清朝政府对英国的疑虑外，为努力扩大英国在华通商特权，还建议两国互派常驻使节。因喀塞卡特病死途中，使团只好折回。1792 年，英国政府又选派曾任英国外交官与殖民地行政长官的马嘎尔尼率团使华。为了避免显露使团的商业色彩，英政府特备英王乔治三世祝贺乾隆帝 83 岁寿辰的贺函一封。并特地选备价值 15610 英镑的礼物，以争取中国朝廷对使团的重视。还选择包括科学技术人员在内的使团成员，并以装有 64 门火炮的兵舰作为大使座舰，以显示英国的财富与威力。同时又通过东印度公司事先通知中国政府。1793 年 8 月，使团一行在大沽登岸，清直隶总督梁肯堂专程赴津迎接。9 月，乾隆帝在热河避暑山庄接见了马嘎尔尼一行，英使团也参加了乾隆帝 83 岁生日的庆典。清朝官员原以为英国使团是来进贡与祝寿，但马嘎尔尼返回北京后，则向清政府提出了一系列的要求。主要内容为：1. 请中国允许英商在北京设立商馆；在舟山、宁波、天津等处贸易。2. 请于舟山附近小岛和广州附近划一地方供英商居留、储货之用。3. 请减轻和优待英船入港商税。上述要求均遭清廷拒绝，清政府只向马嘎尔尼颁发了乾隆帝给英王的三道敕谕。乾隆帝在敕谕中指出："天朝尺土，俱归版籍，疆地森然，即岛屿沙州，亦必划界分疆，各有专属。况外夷向化天朝交易货物者，亦不仅尔英吉利一国，若别国纷纷效尤，恳请赏给地方，居住买卖之人，岂能各应所求？且天朝亦无此体制，此事尤不便准行。”交涉未果，马嘎尔尼一行只好由广州取船怏怏回国。1816 年，英国政府又派遣阿美士德为首的使团来华，目的仍在于扩大英国在华商务。但此行仍毫无结果，仅带回一道嘉庆皇帝致英王的敕谕。

葡萄牙人窃据中国澳门，英国殖民侵略者十分眼红。早在 1781 年，英国东印度公司的一位大班就曾建议英印殖民政府夺取澳门。1802 年，英印殖民政府担心法国占取澳门，妨碍英国在中国的商务，派兵船 6 艘到达伶仃洋海面，准备占领澳门，被清政府严词遣回。1807 年，拿破仑又出兵占领葡萄牙，英国又担心法国侵占澳门。1808 年，英印总督又遣兵东来。9 月 21 日，英兵擅自在澳门登陆。两广总督吴熊光未及派兵驱逐，企图和谈劝离。但英兵以保护商贸为词，迁延不去。10 月 5 日，吴熊光下令停止中英贸易。但英兵却乘虚驶进虎门，停泊黄埔，并增兵舰共达 13 艘 760 余人。迫不得已，吴熊光只好上奏朝廷。嘉庆帝严谕吴熊光统兵剿击。吴熊光遂调集清军 2600 名，前往黄埔和澳门。至此，英军指挥度路利表示撤军。1809 年 3 月，英军全部撤离澳门。澳门事件后，清廷将吴熊光革职查办。新任两广总督百龄立即亲赴澳门，调查此事。英国大班剌佛亲自出具禀结，对英军自行登岸表示道歉，并保证英国兵船不再来粤，清政府遂允许英国商船继续在广东贸易。英国殖民侵略者虽然在澳门事件中失败，但却继续从事破坏中国主权的活动。英国来华商人先后制造多起杀害华人血案，英国大班却拒不交出凶犯，破坏中国的治外法权。1832 年，英国东印度公司又专门派遣“阿美士德”号沿中国海岸北上，沿途调查中国政治、经济、军事情报，测量中国港湾河道深浅，绘制成详细的航海图，为日后的侵略活动进行准备。

三、清朝与其他西方国家的外交关系

中国与法国的关系始于耶稣会传教士。第一个来华的法国传教士金尼阁于 1611 年到达中国。17 世纪 60 年代，法国国内建立起中国传教会，它的目的是既要向中国输送传教士，又要在中国建立布教和贸易关系。1685 年，法国国王路易十四又派包括白晋和张诚在内的 5 个耶稣会士来华，他们带着路易十四给康熙的信。1697 年，白晋回国，自称康熙帝要求与法国通商，竭力促使法国来华通商。于是法国东印度公司乃派“安菲特立特”号（“女海神”之意）首航中国。1698 年 11 月，船抵广州，从中国运回大量丝绸、瓷器。1701 年，该船又作第二次来华航行。与此同时，1700 年，法国又组成“中国公司”，以推行对华贸易。此后这个公司与法国东印度公司合并。1728年,法国在广州设立商馆。1776年，法国设领事于广州，傅格林被任命为第一任领事。18世纪末，法国国内革命兴起，使它在鸦片战争前对华外交与贸易一直没有取得显著进展。

如同早期中法关系一样，中德关系也开始于耶稣会传教士。最早来华的德国耶稣会士有汤若望等人。汤若望于1619年到达中国澳门，以后便由此经粤、赣等地来到北京，被明廷授命修正历法和监制大炮，后又任清朝钦天监监正。在中德经济关系方面，由于在1871年以前，德国还处于邦国林立状态，对华贸易额极其有限。德国的对华贸易可追溯到1716年。该年，德国的俄斯德顿会社商船开始了印度洋贸易，其船队还到达中国广东南海海面，但遭到荷兰、英国的排挤而未果。直到1752年，德国各邦中力量最大的普鲁士王国，由其国王腓特烈二世特准设立的“普鲁士王家艾姆敦对华亚洲贸易公司”开始派船开展对华贸易。“普鲁士国王”号从广州运回大量瓷器、茶叶、生丝和丝织品。它不但成为德国来华的第一船，而且开通了由艾姆敦到广州的中德两国间的海上直接联系。在以后的5年间，“普鲁士王家艾姆敦对华亚洲贸易公司”的船只曾十数次来广州，使艾姆敦成为德国的中国物品专卖市场，吸引了汉堡、不来梅、法兰克福、科隆等地商人。七年战争（1756—1763）后，虽然该公司不能直接从中国运货至艾姆敦，而必须经过英国卸货，但该公司仍积极参加对华贸易。1787 年，普鲁士国王还任命英商皮尔为驻广州的普鲁士王国领事。海路贸易的同时，18 世纪下半叶，普鲁士还通过俄国由陆路开展对华贸易，不久由于沙俄征收过境税，迫使普鲁士商人于 1822 年放弃了陆路贸易。

1783 年 4 月美国取得独立后，波士顿商人曾于当年集资装备“哈里特”号商船，但该船行至好望角时因英船阻挠而中途折返。次年 2 月，纽约和费城商人又集资装备“中国皇后”号首航中国，8 月抵达广州，从此开始了中美之间的直接关系。1786 年，美国政府以山茂召为驻广州的第一任领事。在对待中国的外交方针上，美国政府要求美商在中国避免公开敌对行动。1821 年，美国一水手扔罐砸死一中国船妇，在广州官员要求下，美国船长只好交出该水手，并按中国法律处死。因此，早期中美关系发展稳定，美国的对华贸易也发展迅速，很快后来居上。1795 年以后，美国从广州出入的船只已仅次于英国而领先于其他西方国家。1820 年至 1830 年，美国商人于广州陆续建立了 6 个商馆。但 19 世纪 30 年代后，随着美国国力增强，美国政府开始支持美国商人对中国市场的突破，并采取了紧跟英国侵略中国步骤的政策。

入清以后，葡萄牙与西班牙两国的海上殖民势力已经衰落，但仍然不断有葡萄牙和西班牙的船只来广州贸易，葡萄牙并继续占据中国澳门，以此开展对华贸易。此外，西方的意大利、比利时、丹麦、瑞典等国也先后来广州与中国通商。意大利于 1670 年向清朝派来使节。丹麦在当时称为嗹国，广东人则称之为黄旗国。1731 年，丹麦于广州设立商馆。第二年，瑞典的东印度公司也于广州设立商馆。清代称瑞典为瑞国，广东人又称之为蓝旗国。瑞典东印度公司一直以对华贸易为主要业务。自 1731 年至该公司被解散的 1806 年，75 年间，该公司先后组织了 132 次来华航行。另外，17 世纪，波兰国王约翰三世为了对付俄国和土耳其，曾通过比利时传教士南怀仁、意大利传教士闵明我与康熙皇帝联系，但由于 1689 年中俄《尼布楚条约》的签订，这一活动没有成功。

入清以后，澳门仍隶属香山县，处在清政府的法律政令管束之下。葡萄牙人仍向香山县完纳地租。1647 年，清政府在此设置前山寨，立参将府，专门戍守澳门。1730 年，又因澳门距香山县城遥远，遂在前山寨专门设立县丞署，就近管理澳门民政事务。随着澳门人口增加，清政府为了加强对澳门的管理，1744 年，又专设海防同知，统管海防和澳门事务。印光任被任命为第一任海防同知。赴任后，他立即制定并颁布《管理澳夷章程》7 条，规定澳门洋船进口与内地商民入澳制度。鉴于在澳中外居民互相斗殴杀伤案件的多次发生，1749 年，清澳门同知张汝霖和香山知县暴煜共同制定《善后事宜》12 条，分别得到广东督府的批准和葡印果阿总督的赞同，在澳门立石刊刻。《善后事宜》除明确规定在澳门发生的犯罪案件一律按清朝法律治罪外，还规定在澳门严禁夷人出澳入内、赊物收贷、私擅凌虐、擅兴土木、贩卖人口、窝藏罪犯、设教从教，违者按律治罪，或者驱逐出澳。它重申了中国政府对澳门的主权，使清朝对澳门的管理进一步加强。1808 年英国兵船围占澳门事件发生后，次年新任两广总督百龄和巡抚韩崶立即就防范外国兵船入澳门制定了《民夷交易章程》，规定外国货船所带护货兵船不许擅入中国各海口，而外国货船进口，预先也要报请澳门同知给予印照,中国守口兵船验照放行。这个章程得到清廷批准。另外粤海关部还派员在澳门港口征收商税。鸦片战争前，澳门在清朝政府监督管理下，成为西方各国到广州进行贸易的基地。

后　记

“一带一路”相关国家众多，代表性人物众多，为中外交好、民心相通作出杰出贡献的人士众多。因此，为“一带一路”璀璨群星立传，既使命光荣，又责任重大。在这项浩大工程的策划、组织、执行过程中，有许许多多的人士参加了有关传主的名单征集和审定，以及写作、翻译、审读、编辑、出版、筹资、联络等繁重而琐细的工作。所有参与的人员，以拳拳报国之心，尽深厚学养之力，克服了时间紧、任务重、要求高、压力大等诸多困难与挑战，最终圆满完成了任务。在本书付梓之际，丛书编委会特向参与本项目的全体同志致以崇高敬意和衷心感谢！

同时特别需要鸣谢的是，提出策划并领导实施此项目的中国传记文学学会会长王丽博士，基于长期法律实务经验和担任“一带一路服务机制”主席职务的便利，她对相关国家和走出去的“一带一路建设者”和广大青少年的需求了解真切，提出应当为他们写一套介绍各国典型人物的简明易读的传记，为他们提供健康的精神食粮。她把这项“额外”的工作当成了事业，联袂商会筹集资金、苦口婆心招揽作者、精心挑选传主名录、夙夜青灯挥笔写作、近乎偏执逐字推敲、亲力亲为呕心沥血。面对如此浩大的出版项目和繁重的出版任务，中国出版集团华文出版社不但毅然承担了出版任务，而且集团和出版社的领导与中国传记文学学会的负责同志一起协商，寻求有关部门的支持和帮助，努力将该传系打造成高质量的精品好书。在此，我们特向项目牵头人和中国出版集团公司、华文出版社的相关领导和编辑致以崇高敬意和衷心感谢！

尤其让我们感动的是，在项目执行过程中，一些富有家国情怀的民间商会和企业家的慷慨解囊，虽不足以支撑项目的全部费用，但是他们所表现出的热心和支持，让我们坚定了走下去的信心和决心。在此，我们要特别鸣谢为本书的创作出版做出捐赠支持的中国民营经济国际合作商会、亿阳集团股份有限公司、富通集团有限公司以及太平洋证券股份有限公司，并对你们的拳拳报国之心和慷慨无私帮助致以崇高敬意和衷心感谢！

一项伟大的事业，离不开许多默默无闻的奉献者。在本传系的组织、编写、出版过程中，有历史、文学、科研、外交、教育、法律、翻译、出版等领域的数百位专业人士参与，恕不能在此处一一详列。需要特别提出的是，鞠思佳、徐帮学、景峰等同志为组织联络、搜集资料到处奔波而毫无怨言，唐得阳、唐岫敏、白明亮、谭笑等同志在编写、翻译、编辑、校对过程中的细致与负责让我们感动，赵实、胡占凡、高明光、吴尚之、刘尚军、李岩、王灵桂、李永全、陈小明、许正明、宋志军等同志睿智的指点和专业的帮助让我们避免了走许多弯路。在此，我们特向以上各位同志致以崇高敬意和衷心感谢！

当然，由于我们水平所限，本丛书难免有某些不尽人意之处和瑕疵，敬请学界专家和各位读者不吝赐教，我们将在作品再版之时吸收完善。在此，我们也向各位读者提前表示崇高敬意和深深感谢！

《“一带一路”列国人物传系》编委会

2018 年 3 月 8 日

乾隆画像
Portrait of Qian Long Emperor

索额图画像

Portrait of Songgotu

图理琛画像

Portrait of Tulichen

托时画像

Portrait of Tuoshi

李光地画像
Portrait of Li Guangdi

黄遵宪画像
Portrait of Huang Zunxian

洪仁玕画像

Portrait of Hong Rengan

伍秉鉴画像
Portrait of Wu Bingjian

魏源画像
Portrait of Wei Yuan

林则徐画像

Portrait of Lin Zexu